JN044115

宇宙一ずぼら絶品めし

だれウマ

KADOKAWA

ずぼらでも！
初心者でも！
3ステップで作れて
とびきりウマい

はじめに

「僕のとっておきレシピをより多くの方に届けたい！」という思いから始めたブログとYouTube。右も左もわからない状態の中、レシピを考え続けた日々を今でも鮮明に覚えています。

あれから約2年半。最初は1日10人程度でしたが、今では毎日10万人を超える方々に料理動画を見てもらえるようになりました。そして皆様のたくさんの応援と支えのおかげで料理研究家になることができた今、当時と変わらない思いのほかに「僕のレシピを通じて、1人でも多くの方に笑顔と幸せを届けたい」という新たな気持ちが芽生えてきました。

このような気持ちの変化が起こったのは、毎日のように僕に寄せられる視聴者様からのうれしいコメントがあったからです。

（以下は実際にいただいたコメントです）

「だれウマさんの楽しい料理動画のおかげで、重い病気を患って塞ぎ込んでいた姉が
料理を楽しそうに作るようになって笑顔になりました」

「だれウマさんのレシピをお母さんとお父さんに作ってあげたら、泣いて喜んでくれました」

「彼女とケンカして仲直りしたかったので料理を作ってあげたら、笑顔になって喜んでくれました！
だれウマさんのレシピのおかげで今では彼女と一緒に仲良く料理を作っています！」

皆様のコメントを読んでいくうちに、僕は今まで行ってきた活動の「本当の意味」を見出すことができました。「料理は人と人とを繋ぎ、幸せにするかけ橋になる」ということを。この真実に気づいて以来、僕は1人1人にお手紙を書くように、作る人の気持ちを考え、食べる人の表情や気持ちまでをも考えながら、心を込めてレシピを書くようになりました。

本書も、1人でも多くの方に笑顔と幸せをお届けできるよう、心を込めてレシピを考えました。この中には、僕が自信を持って皆様にお届けできるレシピが100品詰まっています。どうか、僕から皆様へ向けた「レシピ本」という名の手紙を受け取り、100通りの笑顔と幸せを感じてみてください。そしていつかは、あなたが作る愛情たっぷりの料理で周りの人を笑顔にし、幸せを届けられるような存在になってくれたらとってもうれしいです。

「料理で笑顔と幸せの輪を広げる」

この強い思いを実現できるように、今日も僕はレシピを
書き続けます。

だれウマ

宇宙一ずぼらな理由

僕のレシピが宇宙一ずぼらだと
言い切る理由は7つあります。
これを読めば、すぐにでも
レシピページに飛んで作りたくなるはず！

1 フライパンひとつで作れる

本格的な料理も、だれウマ流に手軽にアレンジ。焼いたり炒めたりはもちろん、煮込み料理や揚げ物、パスタだってフライパンひとつで完成！
⇨レシピは **P.13〜**

2 レンジでチンするだけ

リゾットは米からいきなりレンジ加熱OK。スパゲッティの別ゆでも不要。食べごたえ満点の肉料理だって、火を使うことなく電子レンジだけで作れます。
⇨レシピは **P.51〜**

3 包丁を使わない

包丁もまな板も使わない究極のずぼらレシピ。すぐに調理に取りかかれ、使う道具が少ないから後片づけもラクチン。疲れた日の1品に役立ちます。
⇨レシピは **P.75〜**

4 ボウルや袋で 混ぜるだけ

ボウルやポリ袋に入れて混ぜるだけだから、加熱しないで作れちゃいます。丼物からつまみ、スイーツまで、どれも1〜2ステップで超絶かんたん！

⇨レシピは P.95〜

5 材料3つで作れる

材料ほぼ3つで作れるレシピは、あともう1品ほしいとき、ちょっと甘いものが食べたいときに活躍！　家にあるものでパパッと作れます。

⇨レシピは P.109〜

6 トースターで焼くだけ

忙しいときにうれしい、高温＆短時間でカリッと焼き上げるトースターレシピ。火を使わずに作れ、なおかつ焼き色が香ばしい熱々レシピが充実！

⇨レシピは P.123〜

7 炊飯器におまかせ

炊飯器調理なら、材料を入れてスイッチを押すだけで完成。炊き込みご飯はもちろん、カレーやポトフなども長時間煮込んだような仕上がりに。

⇨レシピは P.135〜

CONTENTS

Chapter 1

ワンパン調理で宇宙一かんたん
フライパンレシピ

Chapter 2

チンするだけでもう完成!
レンジレシピ

Chapter 3

ずぼらでも味は絶品!
包丁を使わないレシピ

Chapter 4
加熱不要で手間なし！
混ぜるだけレシピ

Chapter 5
在庫で作れてこのウマさ！
材料3つのレシピ

Chapter 6
忙しいときの時短調理に！
トースターレシピ

Chapter 7
本格調理もほったらかしOK！
炊飯器レシピ

Column
卵黄ばかり使っちゃった！を解決
卵白消費レシピ

STAFF 撮影／鈴木泰介　スタイリング／露木 藍　調理協力／三好弥生　好美絵美　デザイン／センドウダケイコ　シマカゲマナブ (tabby design)
イラスト／細川夏子　栄養計算／江沢いづみ　校正／麦秋アートセンター　編集協力／平井裕子
撮影協力／UTUWA　03-6447-0070

だれウマレッスン

レッスン 1 調味料を揃えよう！

この本の中でよく使っている定番調味料と、あると便利なオススメ調味料がこちら。
スーパーで買えるものばかりだからすぐに揃えられて、いろいろな料理に使い回せます。
また、頻繁には使わない中華・韓国調味料の代用アイデアもご紹介！

定番調味料 これだけあればOK！

① 粗びき黒こしょう
② 塩
③ 砂糖
④ 塩こしょう（ミックス）
⑤ ウスターソース
⑥ マヨネーズ
⑦ トマトケチャップ
⑧ 酢
⑨ 酒
⑩ みりん
⑪ しょうゆ
⑫ 白だし
⑬ めんつゆ（3倍濃縮）
⑭ 顆粒コンソメ
⑮ 鶏ガラスープの素
⑯ みそ
⑰ バター
⑱ オリーブ油
⑲ ごま油
⑳ サラダ油

オススメ調味料 あると便利！

① 焼き肉のタレ
② ごまドレッシング
③ にんにく（チューブ）
④ しょうが（チューブ）
⑤ 柚子こしょう（チューブ）
⑥ 一味唐辛子

中華・韓国調味料の代用アイデア 混ぜればほぼ同じ！

オイスターソースの代用
砂糖大さじ1/2、鶏ガラスープの素小さじ1/2、しょうゆ大さじ1を混ぜる。

甜麺醤の代用
砂糖小さじ1、しょうゆ小さじ1/2、みそ大さじ1を混ぜる。

豆板醤の代用
一味唐辛子小さじ1、しょうゆ、ごま油各小さじ1/2、みそ大さじ1を混ぜる。

コチュジャンの代用
砂糖、一味唐辛子各小さじ1、しょうゆ、ごま油各小さじ1/2、みそ大さじ1を混ぜる。

知っ得コラム 調味料のはかり方

手ではかるときの「少々」はこれくらい
親指と人差し指の2本でつまんだ量。

手ではかるときの「ひとつまみ」はこれくらい
親指、人差し指、中指の3本でつまんだ量。

計量スプーンは顆粒や粉を先にはかる
計量スプーンを使う際は、砂糖や塩、片栗粉などを先にはかり、次にしょうゆなどの液体調味料をはかること。この順ならスプーンを洗わずに続けてはかれてスムーズ！

この本の料理を作る前に知っておいてもらいたい基礎知識をだれウマが解説！
これを読めば必要な調味料や調理のコツ、下ごしらえ方法がわかるから、
料理初心者の方もスムーズに始められますよ。

みなさん僕について来て！

調理のコツを覚えよう！

料理が苦手な人や初めて挑戦する人が、迷ったり失敗したりしがちな
調理法をここで解決！ 知っているようで実は知らないコツも教えちゃいます！

米のとぎ終わりの目安

米がうっすら透けるくらい

米は強くこすり合わせたり、洗いすぎたりすると表面に傷がつき、炊き上がりがべたついたり、おいしさが損なわれる恐れが。水が完全に透明になるまで洗うのではなく、米がうっすら透けて見えるくらいに留めて！

ゆで卵の殻をむくコツ

卵のおしりに穴を開けて！

卵のおしり（先の尖ってないほう）にきれいに消毒した押しピンを当て、ぐりぐり回しながら刺し込み、穴を開ける。あとは普通にゆでて冷水に取れば、殻がツルッとむけるのでお試しを。

揚げ温度の見極め方

箸が泡立てばOK

菜箸を油の中に入れてみて、箸全体から細かい泡が出るくらいになったら、揚げ始めのサイン。これがだいたい170〜180℃で、唐揚げや天ぷらなど揚げ物全般に適している。

知っ得コラム

温泉卵の作り方

鍋にたっぷりの湯を沸かす。冷蔵庫から出してすぐの冷たい卵を割れないようそっと入れたら、火を止める。フタをしないまま約14分おいて冷水に取り、冷ましたら完成。

電子レンジのワット(W)数換算表

500W	600W	700W
1分10秒	1分	50秒
1分50秒	1分30秒	1分10秒
2分20秒	2分	1分40秒
3分	2分30秒	2分
3分40秒	3分	2分30秒
4分50秒	4分	3分20秒
6分	5分	4分10秒
12分	10分	8分20秒

レンジ調理のコツ

ラップはふんわりと

ラップは、加熱中に蒸気でふくらんでも破裂しないよう表面に余裕を待たせるかんじで、ふんわりかけるのが基本。また、ラップの端は蒸気を逃さないようぴっちり包んで！

※本書の電子レンジは600Wを基準にしています。500Wの場合は加熱時間を約1.2倍に、700Wの場合は0.8〜0.85倍にし、様子を見ながら調整してください。

下ごしらえの方法を覚えよう!

この本に登場する肉や魚介、野菜の下ごしらえ方法をまとめました。
手順を写真付きで解説しているから、わからないときはこちらをチェックすれば安心です。

鶏むね肉を開く

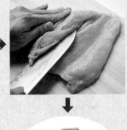

鶏肉の中央に厚さ半分まで切り込みを入れ、左右に包丁を入れて開き、厚みを均等にする。右利きの場合は左側を開いたあと、鶏肉の向きを変え、再び左側を開くとラク。

鶏むね肉をそぎ切りにする

包丁を斜めに寝かせ、繊維を断ち切るように手前に引きながらそぐように切る。火が通りやすく、味もしみ込みやすくなる。

鶏ささみの筋を取って開く

筋と身の間に包丁を当て、身を押さえながら筋を引っ張るようにして取り除く(筋の両側に浅く切り込みを入れておくと引っ張りやすい)。次に、中央に厚さ半分まで切り込みを入れ、左右に包丁を入れて開き、厚みを均等にする。

鶏手羽元に切り込みを入れる

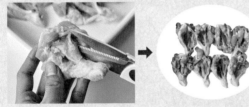

骨の両側にキッチンバサミで切り込みを入れ、左右に開く。火の通りが抜群によくなる。

砂肝に切り込みを入れる

真ん中から半分に切り離し、それぞれ4本ずつ切り込みを入れる。かたい銀皮(青白い部分)を取らずに切り込みを入れることで、コリコリした食感が楽しめ、タレもからみやすくなる。

あさりの砂抜きをする

流水で殻をこすり洗いして汚れを落とし、バットに入れて水200㎖（1カップ）と塩小さじ1を加える。全体を混ぜて塩を溶かしたら、アルミホイルをかぶせて約1時間おく。砂抜き後、軽く洗ってから料理に使って！

辛子明太子の皮を取る

明太子の先端を残してラップを巻き、中身を絞り出す。ラップには皮だけ残るので、手も汚れずかんたん。

アボカドの種と皮を取る

中心の種まで包丁を当てて、ぐるりと縦に一周切り込みを入れ、両手でねじりながら2つに割る。包丁のあご（角）を刺して種を取り除き、スプーンを差し込んで中身を取り出す。

ごぼうの皮をこそげ取る

ごぼうは皮をむくと風味が落ちてしまうので、アルミホイルをクシャクシャにし、こするようにしてこそげ取る程度に。

にんにくをつぶす

にんにくの上に包丁の腹をのせ、体重をかけてつぶす。こうすることで香りが強くなるので、にんにくの風味をより出したい場合はつぶしてからみじん切りにすると◎。

知っ得
コラム **ピーラーの使い方**

ごぼうを超薄切りに！
ピーラーは皮むきだけの道具じゃない！　ごぼうを薄く削って揚げれば、ポテトチップスのようなサクサクおいしいつまみに早変わり。

きゅうりの皮むきに！
きゅうりは皮をところどころむくと、味がしみ込みやすくなり漬け物に最適。しましま模様で見た目もおしゃれに。

本書の使い方

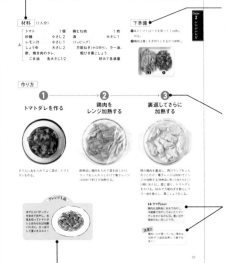

1 必要な材料をチェック！
上から使う順だからスムーズに揃えられる

Aなどでくくっている材料は、上から順に加えればOK。調味料は「顆粒」→「液体」の順なので、計量スプーンを洗わずに続けてはかれます。

2 材料を切るなど
下準備の方法は
写真で確認すれば
間違えない

3 工程写真を見ながら
安心して調理でき、
初心者にもわかりやすい

4 調理のポイントや
注意点の解説付きで
失敗知らず！

5 アレンジレシピにも挑戦！
バリエがどんどん広がる

献立に迷ったら…

カテゴリー別の料理アイコンで
作りたいメニューがひと目でわかる

料理アイコンは6つのカテゴリー別なので、「肉料理を作りたい」「つまみが1品ほしい」といった要望に合わせてメニューが選べます。また、巻末の材料別INDEXを活用すれば、家にある材料からメニューを探すことも可能！

P.148〜の材料別INDEXもチェック！

ゆる糖質オフ
1人分 糖質 **17.9g**

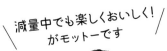
減量中でも楽しくおいしく！
がモットーです

おいしく食べても太らない
糖質低めのレシピも！

試作＆試食のしすぎで体重が増えてしまったときは、糖質オフダイエットをするだれウマ。このアイコンが付いているのは、そんな僕がオススメするおいしい低糖質レシピです。ダイエット中の人は参考にしてみて！

レシピについて

- 計量単位は大さじ1＝15㎖、小さじ1＝5㎖です。1カップは200㎖です。
- バターは特に記載がない場合は有塩タイプを使用しています。
- 卵はM玉を使用しています。
- 火加減は目安です。家庭用コンロ、IHヒーターなど機種により火力が異なりますので、様子を見て調整してください。
- 電子レンジ、オーブントースターのワット（W）数や加熱時間はメーカーや機種によって異なりますので、様子を見て加減してください。また、加熱する際は、付属の説明書に従って耐熱性の器やボウルなどを使用してください。
- 液体を電子レンジで加熱する際、突然沸騰する（突沸現象）可能性がありますので、ご注意ください。
- 炊飯器は取扱説明書をよく確認のうえ、調理してください。

Chapter 1

ワンパン調理で宇宙一かんたん

フライパン
レシピ

フライパンひとつで完成するレシピを集めました。
本格的な料理も、だれウマ流に手軽にアレンジ。
焼いたり炒めたりはもちろん、煮込み料理や揚げ物、
パスタだってビックリするほどかんたんに作れちゃいますよ。

ご飯

やばい豚丼

ガリバタしょうゆ味でがっつり！
やわらか豚肉に卵黄をからめてどうぞ

材料 （1人分）

豚バラ薄切り肉	100〜150g
片栗粉	大さじ1
バター	10g
にんにく	1かけ
A 〔砂糖、みりん、酒	各大さじ1
しょうゆ	大さじ2
温かいご飯	1膳分
〈トッピング〉	
卵黄	1個分

下準備

❶豚肉は食べやすい長さに切る。
❷にんにくは粗みじん切りにする。

作り方

❶ 豚肉に粉をまぶす

ポリ袋に豚肉を入れて片栗粉を加え、袋ごと振って全体にまぶす。

▶▶ウマPoint
肉に片栗粉をまぶすと脂や旨みの流出が抑えられるうえ、とろとろの食感に仕上げることができる。

❷ 炒める

フライパンにバターとにんにくを入れて弱火にかけ、にんにくが薄く色づいたら❶の豚肉を加え、肉を広げながら炒める。

アレンジ1品
玉ねぎやピーマン、なすなど家にある野菜を加えてボリュームアップさせても。野菜をたくさん加える場合は、調味料を2倍にするなど調整して！

❸ タレを加えて煮詰める

Aを混ぜてタレを作り、豚肉の両面に焼き色がついたら加え、煮詰める。器にご飯を盛り、肉をタレごとのせ、卵黄をのせる。

▶▶ウマPoint
汁気がほとんどなくなり、とろみと照りがつくまでタレを煮詰めれば、濃厚な味わいに。

焼きおにぎらず

にぎらずBIGに焼くだけで、もうできた！
革命ともいうべき禁断のおいしさ

材料 （作りやすい分量）

A ┌ めんつゆ（3倍濃縮）····· **大さじ2**
 │ しょうゆ、みりん ··· **各大さじ1**
 └ ごま油 ························· **大さじ1/2**
温かいご飯 ····· 3膳分（450〜500g）
バター ··································· **10g**
卵黄 ··························· 好みで **1個分**

下準備

バターは5gずつ分ける。

作り方

❶ ⟶ **❷** ⟶ **❸**

ご飯にタレを
混ぜる

Aを混ぜてタレを作り、ご飯に回しかけて切るように混ぜる。

 ウマPoint
タレは少しずつかけてそのつど混ぜることで、ご飯に均一に味がしみ込む。

焼く

フライパン（直径約22cm）を弱火にかけ、バター5gを入れて溶かす。❶を平らに敷き詰め、ゴムベラなどで押さえつけながら約5分焼き、取り出す。

ウマPoint
フライパンにひと回り大きい皿をかぶせて裏返すと、ご飯の形が崩れずきれいに取り出せる。

裏面も焼く

空いたフライパンを弱火にかけ、残りのバター5gを入れて溶かす。❷を焼き色のついた面を上にしたまま皿からすべり込ませ、押さえつけながら約5分焼く。器に盛り、好みで卵黄にからめて食べる。

注意!!
ご飯は表も裏もしっかり押さえつけて焼くこと。しっかり固めないと、裏返したり取り出したりする際に形が崩れてしまう。

絶対失敗しない
ふわとろオムライス

半熟のスクランブルエッグをのせる新発想！
かんたんで極上のおいしさ

アレンジ1品

チキンライスを作る
のが面倒な場合は、
スクランブルエッグ
を白ご飯にのせ、め
んつゆをかけるだけ
でもOK！

材料 （1人分）

バター	15g	顆粒コンソメ	小さじ1
鶏むね肉	1/2枚	A 卵	3個
玉ねぎ	1/4個	牛乳	大さじ2
トマトケチャップ	大さじ4	スライスチーズ	2枚
ウスターソース	大さじ1	バター	10g
ご飯	大盛り1膳分（約200g）		
塩こしょう（ミックス）	4ふり		

下準備

❶鶏肉は1cm角に切る。
❷玉ねぎはみじん切りにする。

❶　　❷

作り方

❶ → ❷ → ❸

❶ 鶏肉と玉ねぎを炒めて味つけする

フライパンにバター、鶏肉、玉ねぎを入れて中火にかけ、玉ねぎが色づいて肉に火が通るまでじっくり炒める。ケチャップとウスターソースを加え、水分が飛ぶまでよく炒める。

▶▶ウマPoint
ケチャップを水分がなくなるまでよく炒めることで、酸味が飛んで甘みと旨みを引き出すことができる。

❷ ご飯を加えて炒める

ご飯、塩こしょう、コンソメを加え、お玉の底でご飯のかたまりを崩しながら炒めたら、器に盛る。フライパンの汚れはキッチンペーパーで拭き取る。

▶▶ウマPoint
炒めるときは、お玉の底を使ってご飯のかたまりをフライパンに押しつけながら水分を飛ばすと、パラッとした仕上がりのチキンライスに。

❸ 卵液を半熟まで火を通す

Aでスクランブルエッグを作る。ボウルに卵を溶きほぐし、牛乳と手でちぎったスライスチーズを加えて混ぜる。空いたフライパンにバターと卵液を入れて弱火にかけ、ゴムベラなどで絶えず混ぜながらじっくり加熱する。卵が半熟状に固まったら、❷のチキンライスにのせる。

▶▶ウマPoint
弱火でじっくりとチーズを溶かしながら混ぜ続けることが、ふわとろに仕上げる最大のポイント！混ぜるときは菜箸よりゴムベラを使うのがオススメ。

ご飯

爆速ハヤシライス

市販のルウも缶詰も不要！
コンビーフで旨み満点＆コク深い味に

材料 （1〜2人分）

玉ねぎ	1/2個
マッシュルーム	3個
薄力粉	大さじ2
バター	20g

A
にんにく（チューブ）	4cm
顆粒コンソメ	大さじ1/2
トマトケチャップ	大さじ3
ウスターソース	大さじ2
しょうゆ	小さじ1
水	200ml（1カップ）

コンビーフ缶	1缶(80g)
温かいご飯	1〜2膳分

〈トッピング〉
ドライパセリ …… 好みで適量

下準備

❶玉ねぎは薄切りにする。
❷マッシュルームは薄切りにする。

作り方

❶ 玉ねぎと マッシュルームに 粉をまぶす

ポリ袋に玉ねぎとマッシュルームを入れて薄力粉を加え、袋ごと振って全体にまぶす。

❷ 炒める

フライパンにバターと❶を入れて中火にかけ、よく炒める。

▶▶ ウマPoint
玉ねぎは薄く色づくまでしっかり炒め、甘みを引き出して！

❸ 煮たら コンビーフを加えて ほぐす

Aを加えて混ぜ、とろみがつくまで中火で煮たら、仕上げにコンビーフを加え、ほぐしながら混ぜる。器にご飯を盛り、好みでドライパセリをふり、ハヤシソースをかける。

アレンジ1品

耐熱皿にハヤシライスを盛りつけてピザ用チーズを散らし、オーブントースターで焼いたらドリアに。

ゆる糖質オフ
1人分 糖質 6.3g

肉料理

悪魔の
ローストビーフ

失敗なしでしっとりやわらか！
特製ソースが絶品

アレンジ1品

ローストビーフをご飯にのせ、卵黄と貝割れ菜をトッピングし、ソースをかけてもおいしい！

材料 （2〜3人分）

オリーブ油 ……… 大さじ2
牛ももかたまり肉
　　　　　　 400〜500g
塩 …………………… 小さじ1
粗びき黒こしょう …… 適量

A
┌ バター ………………… 10g
│ にんにく ……………… 1かけ
│ 柚子こしょう（チューブ）… 3cm
│ 砂糖 ………………… 大さじ1
└ しょうゆ …………… 大さじ2
〈つけ合わせ〉
　 クレソン ………………… 好みで適量

下準備

❶牛肉は約1時間前に冷蔵庫から出して常温に戻し、塩と黒こしょうをまぶす。
❷Aのにんにくはみじん切りにする。

作り方

① 牛肉に焼き色をつける →

フライパンにオリーブ油を入れて強めの中火にかけ、煙が出てくるほど熱くなってきたら牛肉を入れ、全面1分ずつ焼く。

② 中まで火を通す ——→

焼き色がついたら火を止め、牛肉をアルミホイルで包む。再びフライパンに入れてフタをし、約20分おいて余熱で火を通す。

▶▶ウマPoint
余熱でじっくり中まで火を通すことで、やわらかく仕上がる。

③ ソースを作る

Aでソースを作る。牛肉を取り出したフライパンにバターとにんにくを入れて弱火にかけ、にんにくがキツネ色になったら柚子こしょう、砂糖、しょうゆを加えてとろみがつくまで煮詰める。
肉を薄切りにして器に盛り、ソースをかけ、好みでクレソンを添える。

肉料理

カルボシチュー

超かんたんでルウいらず! 鶏肉の旨みたっぷりで濃厚

材料 (2人分)

鶏もも肉 ………………… 1枚
塩 ………………… ふたつまみ
バター ………………… 20g
玉ねぎ ………………… 1個
薄力粉 ………………… 大さじ2
A ┌ 顆粒コンソメ …… 小さじ2
　│ 牛乳 …… 250mℓ(1と1/4カップ)
　└ 水 …… 150mℓ(3/4カップ)

クリームチーズ
　(またはピザ用チーズ) …… 20g
〈トッピング〉
　卵黄 ………………… 1個分
　粗びき黒こしょう …… 適量
　ドライパセリ …… 好みで適量

下準備

玉ねぎは薄切りにする。

作り方

❶ 鶏肉を焼いて取り出す

鶏肉は身のほうに塩をふり、皮目を下にしてフライパンに入れ、中火にかける。アルミホイルをかぶせ、水を入れたボウルなどをのせて7〜8分、皮目に焼き色がつくまで焼き、裏返して2〜3分焼く。取り出してひと口大に切る。

❷ 玉ねぎを炒める

鶏肉から出た脂が残ったフライパンにバターと玉ねぎを入れて中火にかけ、玉ねぎが薄く色づいたら薄力粉を加え、粉っぽさがなくなるまで炒める。

❸ 鶏肉を戻して煮る

Aと❶を加え、ときどき混ぜながらとろみがつくまで中火で煮たら、クリームチーズを加えて溶かす。器に盛り、卵黄をのせ、黒こしょうと好みでドライパセリをふる。

▶▶ **ウマPoint**
アルミホイルを全体にかぶせて重石をのせることで、脂が飛び散らず、かつ皮目をパリッと焼き上げることができる。

肉料理

鶏チリマヨ

鶏むね肉が驚くほどやわらかい！
ピリ辛でコクのあるソースがまたウマい

材料 （2人分）

長ねぎ	⋯⋯ 1/2本	鶏むね肉	
ごま油	⋯⋯ 大さじ1/2		1 と1/2枚（400〜500g）
A	マヨネーズ ⋯⋯ 大さじ4	にんにく（チューブ）	⋯⋯ 3cm
	はちみつ（または砂糖） ⋯⋯ 大さじ1	塩こしょう（ミックス） ⋯⋯ 5ふり	
	トマトケチャップ 大さじ1/2	片栗粉	⋯⋯ 大さじ4
	豆板醤 ⋯⋯ 小さじ2	サラダ油	⋯⋯ 大さじ3
	レモン汁（あれば）⋯ 小さじ1		

下準備

❶ 長ねぎはみじん切りにする。
❷ 鶏肉は薄くそぎ切りにする（P.10参照）。

作り方

❶ チリマヨソースを作る

チリマヨソースを作る。耐熱ボウルに長ねぎとごま油を入れ、ラップをかけずに電子レンジ(600W)で約1分30秒加熱したら、Aを加えてよく混ぜる。

アレンジ1品
残った鶏肉を小さく切り、ご飯とチリマヨソースと炒めてチャーハンにしても！

❷ 鶏肉に下味と粉をまぶす

ポリ袋に鶏肉、にんにく、塩こしょうを入れてよくもみ込み、片栗粉を加え、袋ごと振って全体にまぶす。

▶▶ ウマPoint
パサつきがちな鶏むね肉も、片栗粉をまぶすことで水分を中に閉じ込めて、しっとりジューシーに仕上がる。

❸ 焼いてソースをからめる

フライパンにサラダ油を入れて中火にかけ、温まったら鶏肉を全体に敷き詰めるように並べる。両面が薄く色づくまで焼き、中まで火が通ったら油を切り、❶のボウルに加えてからめる。

▶▶ ウマPoint
鶏肉はしっかり広げ、フライパンにギュウギュウに敷き詰めることで油のかさが増え、少ない油でも揚げ焼きしたようにカリッと仕上げることができる。

肉料理

やばい鶏竜田

鶏肉1枚でこの大きさ！ この満足度！
ジューシーでとろけるやわらかさ

材料 （1〜2人分）

鶏むね肉	1枚
しょうが（チューブ）	3cm
A 砂糖	大さじ1
しょうゆ	大さじ2
酒、ごま油	各大さじ1/2

片栗粉	大さじ4
サラダ油	大さじ4〜5
（フライパンに行き渡るくらいの量）	

下準備

鶏肉は切り込みを入れて開く（P.10参照）。

作り方

① 鶏肉に下味をつける

鶏肉は麺棒で全体をたたいて薄く伸ばす。ポリ袋に入れ、Aを加えてよくもみ込んだら約5分おく。

▶▶ウマPoint
鶏肉をたたいて薄くすることで加熱時間が短縮でき、肉の繊維もこわれるので驚くほどやわらかく仕上がる。

② 粉をまぶす

バットに片栗粉と①の鶏肉を入れ、全体にまぶす。

③ 揚げ焼きにする

フライパンにサラダ油を入れて弱火にかけ、温まったら②を皮目を下にして入れる。3〜4分、カリッとキツネ色になるまで揚げ焼きにし、裏返して中まで火を通し、キッチンペーパーの上で油を切る。

肉料理

サクふわ鶏天

外はサクサク、中はふわふわしっとり。
レモンをたっぷり絞るのもオススメ

材料 （2人分）

鶏むね肉	1枚
めんつゆ（3倍濃縮）	大さじ2
しょうが（チューブ）	3cm

A
卵	1個
薄力粉	大さじ4
片栗粉	大さじ3
冷水（あれば炭酸水）	80㎖（2/5カップ）

サラダ油	適量

〈トッピング〉
レモン	好みで1/8個

下準備

鶏肉は薄くそぎ切りにする（P.10参照）。

作り方

❶ 鶏肉に下味をつける

ポリ袋に鶏肉、めんつゆ、しょうがを入れ、めんつゆの水分がなくなるまでよくもみ込む。

❷ 衣を作る

Aで天ぷら衣を作る。ボウルに卵を溶きほぐし、残りの材料を加えてダマが残る程度に軽く混ぜる。

▶▶ ウマPoint

冷水を使うことと、混ぜすぎないことで、サクッと軽い食感の衣に仕上げることができる。

❸ 揚げる

フライパンに高さ1cmくらいまでサラダ油を入れて中火にかける。油が約170℃になったら❶の鶏肉を❷の衣にくぐらせて少しずつ入れ、両面が薄く色づくまで揚げ、キッチンペーパーの上で油を切る。好みでレモンを絞って食べる。

注意!!

油の中に鶏肉をいっぺんに入れると温度が低下し、ベチャッとした揚げ上がりになってしまう。

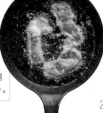

ザクザクフライドチキン

衣がザックザクで肉汁ジュワ〜ッ！
手軽に作れてお店にも負けない味に

材料 (2人分)

鶏もも肉	1枚	

A
卵	1個
にんにく (チューブ)	3cm
薄力粉	大さじ1
顆粒コンソメ	大さじ1/2
しょうゆ	小さじ1

B
薄力粉	80g
	(4/5カップくらい)
顆粒コンソメ	小さじ2
カレー粉 (またはナツメグ)、鶏ガラスープの素	各小さじ1/2
粗びき黒こしょう	少々

水	大さじ1
サラダ油	適量

下準備

鶏肉は両面にフォークを刺して穴を開け、4等分に切る。

▶▶ウマPoint
鶏肉にフォークで穴を開けることで、味がしみ込みやすくなる。

作り方

❶
鶏肉に下味をつける

ポリ袋に鶏肉とAを入れ、よくもみ込む。

アレンジ1品

レタスと一緒にパンに挟めば、フライドチキンバーガーのできあがり。マヨネーズやマスタードをたっぷりかけるのがオススメ！

❷
衣をまぶす

バットにBを入れて混ぜ、水を少しずつ加えて衣のダマを作ったら、❶の鶏肉を入れて全体にまぶす。

▶▶ウマPoint
指先でポロポロにして衣のダマを作ることで、揚げ上がりがザクザクの食感に。

注意!!
水を一気に入れるとベチャベチャになってしまうので、少しずつ垂らすようにすること。

❸
揚げる

フライパンに高さ2cmくらいまでサラダ油を入れて中火にかけ、油が約170℃になったら❷を入れる。2〜3分、カリッとキツネ色になるまで揚げたら、裏返して中まで火を通し、キッチンペーパーの上で油を切る。

▶▶ウマPoint
揚げている間は衣がはがれ落ちないよう、できるだけ鶏肉に触らないこと。

つまみ

とろっとろニラ玉

雲のようにふわふわでとろとろ！
ご飯が進みすぎる究極の卵料理

材料 （2人分）

A
- 卵 ･････････････････････････ 4個
- 鶏ガラスープの素 ･････ 小さじ1/2
- オイスターソース、マヨネーズ
  ･･･････････････････ 各大さじ1
- サラダ油 ･････ 小さじ1＋大さじ2
- ニラ ････････････････････････ 1束
- ごま油 ･････････････････ 小さじ1

下準備

ニラは4cm長さに切る。

作り方

➊ 卵液を混ぜる

ボウルにAを入れ、白身が残る程度に軽く混ぜる。

▶▶ウマPoint
卵液にマヨネーズを入れると、驚くほどふわふわに仕上がる。また、白身と黄身が完全に混ざりきらないようにすることで、加熱後に食感の違いが味わえる。

➋ ニラを炒める

フライパンにサラダ油小さじ1を入れて中火にかけ、温まったらニラを入れてさっと炒め、➊のボウルに加えて混ぜる。

▶▶ウマPoint
ニラはさっと炒める程度にして手早く卵液に加えること。ニラの食感を残しつつ、卵になじんでおいしく仕上がる。

➌ 卵液を半熟まで火を通す

フライパンにサラダ油大さじ2を入れて中火にかけ、しっかり熱くなったら➋の卵液を流し入れる。ゴムベラ(または木ベラ)で大きく混ぜ、半熟になったら火を止め、仕上げにごま油を回しかけて全体を混ぜ合わせる。

▶▶ウマPoint
ゴムベラなどで端から中心に寄せるようにして大きく混ぜると、卵がふわふわとろとろの食感に。

注意!!
菜箸でぐるぐると混ぜるとボソボソ食感になりやすいので注意。

本気のキムチ鍋

かんたんなのに味は本格派！
無水ビール鍋で旨みをギュギュッと凝縮

材料 （1〜2人分）

ごま油‥‥‥‥‥‥‥‥‥‥大さじ3
にんにく‥‥‥‥‥‥‥‥‥‥2かけ
白菜キムチ‥‥‥‥‥‥‥‥150g
白菜‥‥‥‥‥‥1/8個（約200g）
豚バラ薄切り肉‥‥‥‥‥‥150g

A
砂糖‥‥‥‥‥‥‥‥‥‥大さじ1/2
めんつゆ（3倍濃縮）、みそ（あれば
甜麺醤または八丁みそ）
‥‥‥‥‥‥‥‥‥‥‥各大さじ1
ビール‥‥‥‥100ml（1/2カップ）

ニラ‥‥‥‥‥‥‥‥‥‥‥‥2本
〈トッピング〉
白炒りごま‥‥‥‥‥‥‥‥‥適量

下準備

❶にんにくは包丁の腹でつぶしてから
（P.11参照）粗みじん切りにする。
❷白菜はざく切りにする。
❸豚肉は食べやすい長さに切る。
❹ニラは5cm長さに切る。

作り方

① ➡ **②** ➡ **③**

① キムチを炒める

フライパンにごま油とにんにくを入れ
て弱火にかけ、じっくり加熱する。薄
く色づいたらキムチを加えてじっくり
炒める。

▶▶ **ウマPoint**
にんにくをじっくり加熱してごま
油に香りを移すことで、奥深い風
味のキムチ鍋に。キムチも酸味が
飛ぶまで弱火でじっくり炒め、旨
みを引き出すと◎。

② 白菜と豚肉を加えて煮る

キムチを味見して酸味が飛んでいれば、
白菜、豚肉、Aを加えて軽く混ぜる。
フタをし、弱めの中火で10〜15分煮る。

▶▶ **ウマPoint**
水の代わりにビールを使用。ビ
ール酵母に含まれる芳醇な香り
と旨みで絶品の味わいに。

③ ニラを加えてさっと煮る

白菜がくたくたになり、豚肉に火が通
ったら、よく混ぜる。中央にニラを並
べてフタをし、ニラがくたっとなるま
で弱火で約3分煮る。仕上げに白ごま
をふる。

アレンジ1品

残った少量の鍋スープに
ご飯を入れてよく混ぜ、
溶き卵を回しかけ、ピザ
用チーズをトッピング。
フタをしてチーズが溶け
るまで煮たら、キム玉チ
ーズリゾットの完成！

肉料理

本場韓国の
激ウマタッカルビ

秘伝のタレ×とろ〜りチーズで
常識を覆すウマさ！ 作らなきゃ損！

アレンジ1品

〆はフライパンに残ったタレにご
飯を加え、炒めてチャーハンに。
ちぎった韓国のりと白炒りごまを
ふればさらにおいしく！

材料 （2～3人分）

A
- 玉ねぎ ……………………… 1/4個
- にんにく …………………… 4かけ
- 砂糖 ………………………… 大さじ 3
- コチュジャン ……… 大さじ 2 と1/2
- しょうゆ、酒（あれば梅酒）
  ……………………… 各大さじ 2
- オイスターソース ……… 大さじ 1
- カレー粉 …………………… 小さじ 1
- 塩こしょう（ミックス） …… 4 ふり
- 一味唐辛子
  ……………… 好みで小さじ 1～

- 鶏もも肉 …………………… 2 枚
- キャベツ …… 1/8個（約150g）
- 玉ねぎ ……………………… 1/2個
- じゃがいも ………………… 1 個
- 長ねぎ ……………………… 1 本
- ピザ用チーズ ……………… 適量

▶▶ ウマPoint
本格的なタッカルビの味を再現するため、生のにんにくをすりおろして使って！ にんにく（チューブ）より風味よく仕上がる。

下準備

❶ Aの玉ねぎはすりおろす（またはみじん切りにする）。
❷ Aのにんにくはすりおろす。
❸ 鶏肉はひと口大に切る。
❹ キャベツは食べやすい大きさに手でちぎる。
❺ 玉ねぎは薄切りにする。
❻ じゃがいもは皮をむいて輪切りにする。
❼ 長ねぎは斜め切りにする。

作り方

❶
鶏肉にタレを
もみ込む

ボウルにAを混ぜてタレを作り、鶏肉を加えてよくもみ込む。

▶▶ ウマPoint
時間があれば、タレを前日に作って冷蔵庫に1晩おいてから鶏肉をもみ込むと、味に深みが出て旨みがアップする。

❷
野菜に鶏肉をのせて
蒸し焼きにする

大きめのフライパン（直径約26cm）にキャベツ、玉ねぎ、じゃがいも、長ねぎを順に重ね、❶をタレごとのせてフタをする。中火にかけ、約5分蒸し焼きにしたらフタを外し、野菜から出た水分を飛ばすようにして混ぜながら炒める。

▶▶ ウマPoint
野菜の水分をしっかり飛ばすことで、味がぼやけるのを防げる。

❸
チーズを加えて
溶かす

鶏肉や野菜に火が通り、タレにとろみがついてきたら、ピザ用チーズを散らす。再びフタをし、チーズが溶けるまで中火で蒸し焼きにする。

ゆる糖質オフ
1人分 糖質 **6.1g**

肉料理

無限砂肝

酒とご飯の無限ループ！
コリコリした食感がたまらない

アレンジ1品

ねぎ塩ダレは豚肉とも相性
◎。豚バラ薄切り肉を炒め
てタレをからめ、ご飯にの
せればねぎ塩豚丼に。

材料 （2人分）

A	長ねぎ	1本
	にんにく（チューブ）	3cm
	砂糖、鶏ガラスープの素	各小さじ1
	白だし	大さじ1
	ごま油	大さじ1/2
	粗びき黒こしょう	適量
	塩こしょう（ミックス）	3ふり

ごま油	大さじ1
にんにく	1かけ
砂肝	300g
〈トッピング〉	
レモン	好みで1/8個

下準備

❶Aの長ねぎはみじん切りにする。
❷にんにくは粗みじん切りにする。
❸砂肝は半分に切って切り込みを
入れる（P.10参照）。

▶▶ウマPoint
砂肝は銀皮（青白い部分）を取ら
なくても、切り込みを入れれば
コリコリした食感が楽しめる。

作り方

❶ ねぎ塩ダレを作る

ボウルにAを入れて混ぜ、
ねぎ塩ダレを作る。

❷ 砂肝を炒める

フライパンにごま油とにんにくを入
れて中火にかけ、さっと炒めて香り
を出したら砂肝を加えてよく炒める。

❸ タレを加えて混ぜる

砂肝が色づいて中まで火が通ったら、
弱火にして❶を加え、全体を混ぜ合わ
せる。好みでレモンを絞って食べる。

ゆる糖質オフ
1人分 糖質 2.3g

肉料理

鶏もも肉とあさりの酒蒸し

旨みの相乗効果でウマさ爆発！
汁まで飲み干したい味わい

材料 （2人分）

鶏もも肉 ……………………… 1枚
にんにく ……………………… 1かけ
あさり ……………………… 250g
酒 ……………… 50ml（1/4カップ）
バター ……………………… 10g
めんつゆ（3倍濃縮）……… 小さじ1

〈トッピング〉
　万能ねぎ（小口切り）
　　　　　　　　　好みで適量

下準備

❶鶏肉はひと口大に切る。
❷にんにくは粗みじん切りにする。
❸あさりは砂抜きをする（P.11参照）。

作り方

❶ 鶏肉を焼く

フライパンに鶏肉を皮目を下にして
入れ、にんにくをのせて弱火にかけ
る。8〜10分、皮目に焼き色がつく
まで焼き、裏返して2〜3分焼く。

▶▶ウマPoint
弱火でじっくり焼くことで鶏
肉の旨みと脂を抽出。にんに
くは焦げやすいので肉の上に
のせておき、肉を裏返すタイ
ミングで一緒に焼けばOK。

❷ あさりを加えて蒸し焼きにする

あさりと酒を加えてフタをし、
中火で約3分、あさりの口が
開くまで蒸し焼きにする。

❸ バターとめんつゆで味つけする

火を止めてバターとめんつゆを加
え、全体を混ぜ合わせる。器に盛
り、好みで万能ねぎを散らす。七味
唐辛子（分量外）
をふっても。

じゃがチーチヂミ

中はモチッと外はカリッと食感◎。
ピリ辛ダレが食欲をそそる味わい

材料 （2人分）

A	卵	1個		
	薄力粉	大さじ3		
	片栗粉	大さじ2		
	水	50㎖（1/4カップ）		
B	じゃがいも	1個		
	ニラ	1/2束		
	ピザ用チーズ	60g（3〜4つかみ）		
	鶏ガラスープの素	小さじ1		
	ごま油	大さじ2		

C	にんにく（チューブ）	3㎝
	砂糖	小さじ1
	しょうゆ	大さじ1
	酢、ごま油	各大さじ1/2
	白炒りごま	適量
	コチュジャン	好みで小さじ1/2

〈トッピング〉
糸唐辛子　　好みで適量

下準備

❶Bのじゃがいもは皮をむい
て細切りにする。
❷Bのニラは3㎝長さに切る。

作り方

❶ チヂミの材料を混ぜる

ボウルにAを入れてよく混
ぜ、Bを加えてさらによく
混ぜ合わせる。

❷ 焼く

大きめのフライパン（直径約26㎝）にご
ま油を入れて中火にかけ、温まった
ら❶を入れて平らに押さえつける。
フタをして3〜5分、
蒸し焼きにしてこ
んがり焼き色がつ
いたら、裏返して
同様に焼く。

❸ タレを作る

Cを混ぜてタレを作る。❷を食
べやすく切って器に盛り、好み
で糸唐辛子をのせ、タレをつけ
て食べる。

ゆる糖質オフ
1人分 糖質 **12.3g**

つまみ

えのチーガレット

カリカリ＆サクサクで旨みがギュッ！
えのきが宇宙一おいしく食べられる

材料 （1〜2人分）

A	えのきたけ	1袋（200g）
	ベーコン（薄切り・あれば）	2枚（40g）
	ピザ用チーズ	40〜50g（2〜3つかみ）
	片栗粉	大さじ2
	粗びき黒こしょう	6ふり
オリーブ油		大さじ2

下準備

❶Aのえのきは石づきを落とし、長さ
を4等分に切ってほぐす。

❷あればAのベーコンは1cm角に切る。

作り方

❶ ガレットの材料を混ぜる

ポリ袋にAを入れ、よく振り混ぜる。

❷ 焼く

フライパン（直径約22cm）にオリーブ油を入
れて中火にかけ、温まったら❶を入れて
平らに押さえつける。5〜8分焼いてカ
リッと焼き色がついたら、裏返して同様
に焼く。

▶▶ウマPoint

つなぎが少ないので、フライ返しで裏返す
のが難しい場合も。フライパンにひと回り
大きい皿をかぶせて裏返すと、形が崩れず
きれいに取り出せる（P.17参照）。

（つまみ）

ちくわの スパイシー揚げ

香ばしく揚げればスナックのよう！
マヨ＋七味がクセになる

材料 （2人分）

A
薄力粉	大さじ3
カレー粉	小さじ1
塩こしょう（ミックス）	3ふり
水	大さじ2

ちくわ	5本
サラダ油	適量

〈トッピング〉
マヨネーズ、七味唐辛子
………… 各適量

下準備

ちくわは4等分の乱切りにする。

作り方

❶ 衣を作る ⟶

ボウルにAを入れてよく混ぜる。

❷ ちくわを揚げる

フライパンに高さ1cmくらいまでサラダ油を入れて中火にかける。油が約170℃になったらちくわを❶の衣にくぐらせて入れ、カリッと色づくまで揚げ、キッチンペーパーの上で油を切る。マヨネーズと七味をつけて食べる。

▶▶ウマPoint
たくさんの油を使いたくない場合は、フライパンに行き渡るくらいの量（大さじ3～4）で揚げ焼きにしてもOK！

つまみ

水菜の
本格シーザーサラダ

— 手作りクルトンとカリカリベーコンをのせた
メイン級のごちそうサラダ

材料 （2〜3人分）

ベーコン（厚切り）	……………	60g
オリーブ油	……………	大さじ1
食パン（6枚切り）	……………	1枚

A
- にんにく（チューブ） …………… 3cm
- マヨネーズ …………… 大さじ2
- プレーンヨーグルト 大さじ1
- レモン汁 …………… 小さじ1

A
- マスタード、しょうゆ
  …………… 各小さじ1/2
- 砂糖 …………… ひとつまみ

水菜 …………… 2株
〈トッピング〉
温泉卵（P.9参照） …………… 1個
粗びき黒こしょう …………… 適量

下準備

❶ベーコンは1cm幅の短冊切りにする。
❷食パンは2cm角に切る。
❸水菜は食べやすい長さに切る。

作り方

❶ ベーコンから出た脂で 食パンを炒める

フライパンにベーコンを入れて中火にかけ、カリッとなるまで炒めて取り出す。脂が出たフライパンにオリーブ油を足して食パンを入れ、全面がカリッとなるまで弱火で焼く。

▶▶ ウマPoint
ベーコンを炒めた脂は拭き取らず、続けて食パンを焼いてしみ込ませて。食パンは焦げやすいので転がしながら焼くこと。

❷ ドレッシングを作る

Aを混ぜてシーザードレッシングを作る。

❸ 盛りつける

器に水菜を盛り、❶のベーコンと食パン、温泉卵をのせる。ドレッシングをかけ、黒こしょうをふる。粉チーズ（分量外）をふっても。

麺

ぺぺ鶏玉パスタ

ワインよりビールやハイボール向き！
がっつりいけるピリ辛つまみ系パスタ

材料 （1人分）

オリーブ油	大さじ2
にんにく	1かけ
赤唐辛子	1本
水	250mℓ（1と1/4カップ）
塩	ふたつまみ
焼き鳥缶(タレ味)	1缶(55g)

スパゲッティ	
（太さ1.6mm、ゆで時間7分）	100g
バター	10g
卵	1個
粗びき黒こしょう	適量

下準備

❶にんにくは粗みじん切りにする。
❷赤唐辛子は半分に折って種を取る。

❶

❷

作り方

❶ にんにくと赤唐辛子を火にかける

フライパンにオリーブ油とにんにくを入れて弱火にかけ、にんにくの香りをじっくり出したら赤唐辛子を加える。

▶▶ウマPoint
フライパンを傾けてにんにくと油が下にたまるようにすると、少ない油でもしっかりにんにくの香りを移すことができる。

❷ 焼き鳥とスパゲッティを加えてゆでる

水と塩を加えて中火にし、沸騰したら焼き鳥缶をタレごと加える。スパゲッティも半分に折って加え、水分がなくなるまでゆでる。

▶▶ウマPoint
麺がくっつきやすいので、ときどき混ぜながらゆでること。また、焼き鳥缶をタレごと一緒にゆでれば、スパゲッティの中までしっかり味をしみ込ませることができる。

注意!!
アルデンテにゆでたいなら、必ず沸騰してからスパゲッティを加えること。逆にやわらかくゆでたい場合は、水からスパゲッティを加えるといい。

❸ バターと卵を加えて混ぜる

火を止めてバターと溶き卵を加え、手早く混ぜる。器に盛り、黒こしょうをふる。

▶▶ウマPoint
溶き卵を入れたら手早く混ぜるのが鉄則。もし卵が固まってボソボソになってしまったら、水大さじ1～2を加えて全体になじませるとなめらかさが復活する。

麺

無限ごま油ペペロンチーノ

香味野菜とごま油で風味満点！ ペペロンチーノの1000倍ウマい

材料 （1人分）

ごま油	大さじ3
にんにく	2かけ
長ねぎ	1/2本
赤唐辛子	1本
水	270㎖
	（1カップと大さじ4と2/3）

	A	
A	白だし	大さじ1
	塩	ひとつまみ

スパゲッティ
（太さ1.6㎜、ゆで時間7分）… 100g
粗びき黒こしょう … 適量
七味唐辛子 … 好みで適量

下準備

❶にんにくは粗みじん切りにする。
❷長ねぎは斜め切りにする。
❸赤唐辛子は半分に折って種を取る。

作り方

❶ 香味野菜と赤唐辛子を火にかける ——➡

フライパンにごま油、にんにく、長ねぎを入れて弱火にかけ、にんにくの香りをじっくり出したら赤唐辛子を加えて炒める（辛みが苦手な場合は赤唐辛子を❷で加える）。

▶▶ウマPoint
弱火でじっくり炒めることで、ごま油ににんにくと長ねぎの香りを移すことができる。

❷ スパゲッティを加えてゆでる

水とAを加えて中火にし、沸騰したらスパゲッティを折って加え、ときどき混ぜながら水分がなくなるまでゆでる。器に盛り、黒こしょうと好みで七味をふる。

44

麺

究極の
トマトクリームパスタ

塩辛を加えるだけで超絶品! クリーミーで奥深い味に

材料 （1人分）

オリーブ油	大さじ2	B 牛乳	250mℓ（1と1/4カップ）
にんにく	1かけ	水	100mℓ（1/2カップ）
A トマト	1個	スパゲッティ	
いかの塩辛	大さじ2	（太さ1.6mm、ゆで時間7分）	100g
砂糖	ひとつまみ	粗びき黒こしょう	適量

下準備

❶にんにくは粗みじん切りにする。

❷Aのトマトはヘタを取って適当な
　大きさに切る。

作り方

1 トマトと塩辛を炒める

フライパンにオリーブ油と
にんにくを入れて弱火にか
け、にんにくの香りをじっ
くり出したらAを加え、ト
マトをつぶしながら約5分
炒める。

▶▶ **ウマPoint**
じっくり炒めてトマトの酸味
と塩辛の臭みや苦味を飛ばせ
ば、奥深い旨みが引き出せる。

2 スパゲッティを加えてゆでる

Bを加えて中火にし、沸騰
したらスパゲッティを折っ
て加え、ときどき混ぜなが
らクリーム状になるまでゆ
でる。器に盛り、黒こしょ
うをふる。

魅惑のボロネーゼ

肉や野菜の旨みを最大限引き出した本格派！
なのにワンパンで完成！

材料 （2人分）

オリーブ油	大さじ1	
合いびき肉	200g	
塩	ふたつまみ	

A
玉ねぎ	1/2個
セロリ	1/2本
にんじん	1/2本
にんにく	1かけ
塩	小さじ1

B
カットトマト缶	1/2缶（200g）
砂糖	小さじ1
赤ワイン	150ml（3/4カップ）

水	550ml（2と3/4カップ）
スパゲッティ（太さ1.6mm、ゆで時間7分）	200g
バター	15g
粗びき黒こしょう	適量（多め）

〈トッピング〉
粉チーズ	好みで適量

下準備

❶ Aの玉ねぎはみじん切りにする。
❷ Aのセロリはみじん切りにする。
❸ Aのにんじんはみじん切りにする。
❹ Aのにんにくはみじん切りにする。

作り方

❶ ひき肉を焼く

大きめのフライパン（直径約26cm）にオリーブ油を入れて中火にかけ、温まったらひき肉を入れて塩ひとつまみをふり、かたまりのまま焼く。香ばしい香りがしてきたら裏返して残りの塩ひとつまみをふり、さらにじっくり焼く。

▶▶ウマPoint
ひき肉に塩をかけて焼くことで旨みが引き出せる。最初は崩さずにかたまりのまま、軽く焦げるくらいまで焼くとおいしいボロネーゼに！

❷ 野菜を加えて炒める

Aを加えてひき肉を崩しながら中火でじっくり炒める。野菜に火が通ったらBを加えて混ぜ、水分がほとんどなくなるまで煮る。

▶▶ウマPoint
野菜に肉の脂を吸わせるようにじっくり炒めることで、旨みがさらにアップ。さらにトマト缶と赤ワインを入れたら、酸味や苦みを飛ばすためにしっかり煮込むこと。

❸ スパゲッティを加えてゆでる

水を加え、沸騰したらスパゲッティを折って加え、ときどき混ぜながら水分がなくなるまでゆでる。火を止め、バターと黒こしょうを加えてよく混ぜる。器に盛り、好みで粉チーズをふる。

至高のタルトタタン

材料4つで宇宙一かんたん！
キャラメリゼしたりんごが最高の味わい

材料

（直径約22cmのフライパン1台分）

ビスケット ················ 24枚（約140g）
バター（食塩不使用）······· 90g＋60g
グラニュー糖 ··· 90g（1/2カップくらい）
りんご（あれば紅玉またはジョナゴールド）
············ 3個

下準備

❶ビスケットは厚手
のポリ袋に入れ、
麺棒などでたたい
て粉々に砕く。

▶▶ウマPoint
ビスケットの粒が大きいとタルト
生地が固まらないので、しっかり
砕いて粉々にすること。

❷バターは90gを耐熱ボウルに入れ
て電子レンジ（600W）で約1分加熱
し、溶かす。

❸りんごは皮をむいて8等分のくし
形に切る。

作り方

❶ タルト生地を作って取り出す

ビスケットの入った袋に溶かしバター
を加え、よくもみ込んでひとまとまり
にする。フライパンにラップを敷いて
ビスケットを全体に広げ、スプーンの
背で押さえつける。形が整ったらラッ
プごと取り出して皿などにのせ、冷蔵
庫で冷やす。

▶▶ウマPoint
タルト生地をフライパンから取り
出す際にひび割れした場合は、水
でぬらしたスプーンの背で押さえ
つけて形を整えるといい。

❷ りんごを敷き詰めて煮る

空いたフライパンにグラニュー糖を入
れて中火にかけ、あめ色になったら残
りのバター60gを加える。バターが溶
けたらりんごを全体に敷き詰める。ア
ルミホイルをかぶせ、煮汁がふきこぼ
れないようときどき混ぜながら中火で
約10分煮る。かさが減ってきたらホイ
ルを外して弱火にし、煮汁にとろみが
ついてゼリー状になるまでじっくり煮
詰める。

注意!!

煮汁がゼリー状になる
までしっかり水分を飛
ばして煮詰めないと、
あとでフライパンから
取り外す際に崩れてし
まうので気をつけて！

❸ タルト生地をのせて冷やす

火を止め、粗熱が取れたら❶をラップ
を上にしてかぶせ、フライパンごと冷
蔵庫で1日以上冷やす。しっかり固ま
ったら、フライパンの底を軽く温めて
からひと回り大きい皿をかぶせて裏返
し、取り出す。

▶▶ウマPoint
りんごをギュッと押し込んで平
らにならしてからタルト生地を
かぶせると、凹凸なくきれいに
仕上がる。

パン

明太マヨ
チーズメルト

焼きたてトーストからとろとろの
明太マヨチーズがあふれ出す幸せ

材料 （1人分）

A	辛子明太子	1本
	マヨネーズ	大さじ3
	白だし	小さじ1/2
	砂糖	ひとつまみ
食パン（6枚切り）		2枚
スライスチーズ		2枚
バター		10g

下準備

❶Aの明太子は皮を取り除く
（P.11参照）。
❷バターは5gずつ分ける。

作り方

❶ 明太マヨを作る ➡

ボウルにAを入れてよく混
ぜ、明太マヨを作る。

❷ 食パンに挟む ➡

食パンにスライスチーズ1枚を
のせ、明太マヨをぬり、残りの
スライスチーズを重ねたら、も
う1枚の食パンをのせる。

❸ 焼く

フライパンにバター5gを入れて弱火にか
け、溶けたら❷を入れて焼く。こんがり焼
き色がついたら裏返し、残りのバターを加
えてこんがり焼く。半分に切って器に盛る。

Chapter 2

チンするだけでもう完成！

レンジ
レシピ

次に紹介するのは、火を使うことなく
電子レンジだけで作れるレシピです。
リゾットは米から作れるし、
スパゲッティの別ゆでも不要。
食べごたえ満点の肉料理だって、
チンするだけであっという間に完成します。

※電子レンジは600Wを基準にしています。
　500Wや700Wの場合はP.9を参照し、
　加熱時間を調整してください。また、レ
　ンジ加熱後は蒸気が熱くなっているの
　で、ラップを外す際は火傷しないよう
　十分に注意してください。

黄金のカルボリゾット

アルデンテな米の食感と
とろとろ卵&チーズのコクが最高！

材料 （1人分）

A
- 米 ………… 0.5合（70〜80g）
- ベーコン（薄切り）
  ………… 2枚（40g）
- バター ………… 5g
- 顆粒コンソメ、オリーブ油
  ………… 各小さじ1
- 牛乳、水
  ……… 各150mℓ（3/4カップ）

- スライスチーズ ………… 1枚
- 卵 ………… 1個
- 粗びき黒こしょう ………… 適量
〈トッピング〉
  - 卵黄 ………… 好みで1個分
  - ドライバジル ………… 好みで適量

下準備

Aのベーコンは1cm幅の短冊切りにする。

作り方

① ──────────────→ **②**

リゾットの材料を
レンジ加熱する

耐熱ボウルにAを入れてよく混ぜ、ラップをふんわりとかけ、電子レンジ（600W）で約14分加熱する。

▶▶ **ウマPoint**
米は洗わずにそのままレンジ加熱することで、べたつかずサラッとした仕上がりに。コンソメやバターの風味もしみ込みやすくなる。

注意!!
加熱中にふきこぼれないよう、ラップの表面はふんわりと、縁はぴっちりと包んでおくこと。

チーズと卵を加えて
混ぜる

スライスチーズと卵を加えてよく混ぜ、器に盛り、黒こしょうをふる。好みで卵黄をのせてドライバジルをふる。粉チーズ（分量外）をふっても。

▶▶ **ウマPoint**
チーズを溶かしながら、卵の白身を切るようにして混ぜるのがコツ。

鶏の照り玉

しっとりジューシーな鶏肉に照り焼きダレと
タルタルソースが相性抜群!

材料 （1人分）

A
- 玉ねぎ ……………… 1/8個
- 卵 ………………………… 1個
- 砂糖 ………………… 小さじ1/2
- マヨネーズ ………… 大さじ2
- 塩こしょう（ミックス）… 3ふり

鶏もも肉 ………………………… 1枚
薄力粉 ……………………… 大さじ1

B
- 砂糖 ……………… 大さじ1
- しょうゆ、みりん、酒
　　　　　　　　… 各大さじ2

〈トッピング〉
- ドライパセリ …… 好みで適量

下準備

Aの玉ねぎはみじん切りにする。

作り方

① タルタルソースを
作る

Aでタルタルソースを作る。耐熱ボウルに玉ねぎと卵を入れ、菜箸で卵の黄身をつぶして軽く溶き、ラップをふんわりとかけて電子レンジ（600W）で約1分30秒加熱する。残りの材料を加え、卵をほぐしながら混ぜる。

注意!!

卵はそのまま加熱すると破裂する恐れがあるので、必ず黄身をつぶすこと。

② 鶏肉を
レンジ加熱する

別の耐熱ボウルに鶏肉を入れ、両面に薄力粉をまぶしたら、Bを加え、砂糖を溶かしながら肉の両面にタレをなじませる。皮を下にしてラップをふんわりとかけ、電子レンジ（600W）で約2分30秒加熱する。裏返して再びラップをふんわりとかけ、さらに約2分加熱したら、そのまま庫内に約5分おく。

▶▶ **ウマPoint**
余熱を利用することで加熱しすぎるのを防ぎ、鶏肉の中まで火が通ってしっとりジューシーに仕上げることができる。

③ 切ってタレとソースを
かける

鶏肉を食べやすい大きさに切って器に盛り、ボウルに残ったタレと①をかける。好みでドライパセリをふる。

▶▶ **ウマPoint**
タレがゆるい場合は鶏肉を取り除いて再度加熱を。ラップをかけずに電子レンジ（600W）で約1分加熱すれば、とろみのついたタレに（それでもとろみがつかない場合は30秒ずつ追加加熱）。

肉料理

トマトよだれ鶏

しっとりやわらかな鶏肉と
さっぱりトマトダレで無限に食べられる！

材料 （1人分）

A
- トマト ……………… 1個
- 砂糖 ……………… 小さじ2
- レモン汁 ……………… 小さじ1
- しょうゆ ……………… 大さじ2
- 酢、焼き肉のタレ、
  ごま油 … 各大さじ1/2

- 鶏むね肉 ……………… 1枚
- 酒 ……………… 大さじ1

〈トッピング〉
万能ねぎ(小口切り)、ラー油、
粗びき黒こしょう
……………… 好みで各適量

下準備

❶ Aのトマトはヘタを取って1cm角に
切る。

❷ 鶏肉は薄くそぎ切りにする(P.10参照)。

作り方

①

トマトダレを作る

ボウルにAを入れてよく混ぜ、トマト
ダレを作る。

②

鶏肉を
レンジ加熱する

耐熱皿に鶏肉を入れて酒を回しかけ、
ラップをふんわりとかけて電子レンジ
(600W)で約3分加熱する。

③

裏返してさらに
加熱する

❷の鶏肉を裏返し、再びラップをふん
わりとかけ、電子レンジ(600W)で1〜
2分加熱する(耐熱皿に残った肉汁大さじ1
は❶に加える)。器に盛り、トマトダレ
をかける。好みで万能ねぎを散らして
ラー油を垂らし、黒こしょうをふる。

アレンジ1品

ゆでたスパゲッティ
を氷水で冷やし、水
気を切ってトマトダ
レと合わせれば冷製
パスタに。さっぱり
して夏にオススメ！

▶▶ ウマPoint
鶏肉を加熱後に氷水で冷やし、
冷蔵庫で冷やしておいたトマト
ダレをかけるのも◎。暑い日や
食欲のない日にどうぞ。

 注意!!
鶏肉に火が通っていない場合は、
30秒ずつ追加加熱して様子を
見て！

アレンジ1品

さばじゃがをつぶして丸め、パン粉をつけて揚げればおいしいコロッケに変身！

つまみ

さばじゃが

さばみそ煮缶を使えばかんたん！
甘みのある味つけで旨みが引き立つ

材料 （2人分）

A
じゃがいも ………………… 3個
さば缶（みそ煮）… 1缶（180g）
砂糖、めんつゆ（3倍濃縮）
………………………… 各大さじ1/2

〈トッピング〉
万能ねぎ（小口切り）
………………………… 好みで適量

下準備

Aのじゃがいもはよく洗い、皮つきのままひと口大に切る。

作り方

1 さばとじゃがいもをレンジ加熱する

耐熱ボウルにA（さば缶の汁ごと）を入れて軽く混ぜ、ラップをふんわりとかけて電子レンジ（600W）で約10分加熱する。

▶▶ウマPoint
さば缶は汁ごと入れることで、みその旨みと栄養価がアップ！缶汁の甘みが強い場合は、砂糖を減らすなど調整を。

2 とろみがつくまで混ぜる

さばの身をほぐしながら、とろみがつくまで全体を混ぜ合わせる。器に盛り、好みで万能ねぎを散らす。

注意!!
さばの身が大きすぎると加熱中に破裂する場合も。大きい身はほぐしておき、さばが飛び散らないよう、ラップの表面はふんわりと、縁はぴっちりと包んでおくこと。

肉料理

キャベツの豚バラ巻き

豚肉の旨みをキャベツがキャッチ！
ヘルシーなのに食べごたえ満点

ゆる糖質オフ
1人分 糖質 **9.9**g

材料 （2人分）

A
- 長ねぎ ……………… 1/3本
- しょうが（チューブ）……… 3cm
- 砂糖、しょうゆ、酢
  　…………… 各大さじ1
- 白だし、ごま油
  　…………… 各大さじ1/2

- 豚バラ薄切り肉 ……… 8枚
- 塩こしょう（ミックス）……… 適量
- キャベツ ……… 1/6個（約200g）
- 酒 ……………… 大さじ1

下準備

❶Aの長ねぎはみじん切りにする。
❷キャベツは細切りにし、ざっくり
　8等分にする。

作り方

❶ 香味ダレを作る

ミニボウルにAを入れて混ぜ、
香味ダレを作る。

▶▶ウマPoint
タレに白だしを少し
入れることで旨みが
プラスされ、奥深い
味に仕上がる。

❷ 豚肉でキャベツを巻く

豚肉は広げて塩こしょうを軽くふり、
手前にキャベツ1/8量をのせてきつ
めに巻く。これを計8つ作り、巻き
終わりを下にして耐熱皿に並べる。

❸ レンジ加熱する

❷に酒を回しかけ、ラップをふんわ
りとかけて電子レンジ（600W）で約5
分加熱する。器に盛り、香味ダレを
かける。

肉料理

ふっくらレタス焼売

蒸し器を使わずレンジで一発OK！
ふっくらジューシーな仕上がり

材料 （2人分）

A
- 豚ひき肉 ………………… 200g
- 玉ねぎ ………………… 1/4個
- しいたけ ………………… 2枚
- 牛脂（あれば）………………… 1個
- しょうが（チューブ）……… 3cm
- 片栗粉 ………………… 大さじ2
- 砂糖、しょうゆ、
  オイスターソース、ごま油
  ………………… 各大さじ1
- 鶏ガラスープの素… 小さじ1
- 塩こしょう（ミックス）… 4ふり

- レタス ………… 1/4個（約100g）
- B しょうゆ、酢 … 各大さじ1
  ごま油 ………………… 小さじ1
- からし（チューブ）……… 好みで適量

下準備

❶Aの玉ねぎはみじん切りにする。

❷Aのしいたけは軸を取ってみじん切りにする。

❸レタスはみじん切りにする。

作り方

❶ **肉だねを作る**

ボウルにAを入れてよくもみ込み、肉だねを作る。

▶▶ **ウマPoint**
あれば牛脂を入れると、肉汁たっぷりでジューシーな肉だねになる。

❷ **成形する**

バットにレタスを敷き詰める。❶を8等分して丸く成形し、バットに入れて転がしながら全体にレタスをまぶしつけ、耐熱皿に並べる。

❸ **レンジ加熱する**

ラップをふんわりとかけて電子レンジ（600W）で約5分加熱したら、そのまま庫内に約5分おいて蒸らす。器に盛り、Bを混ぜたタレと好みでからしをつけて食べる。

▶▶ **ウマPoint**
水分たっぷりのレタスを肉だねにまぶしつけることと、加熱時間を控えめにして余熱で火を通すことで、パサつきを防ぎ、ふっくらジューシーに蒸し上がる。

アレンジ1品

バットに残ったレタスは焼売と一緒にレンジ加熱し、耐熱皿に残った肉汁、顆粒コンソメとともにマグカップへ。湯を加えれば、おいしい即席コンソメスープのできあがり。

鶏玉
カレーサンド

焼き鳥缶でボリュームたっぷりに
卵サンドをバージョンアップ！

材料 （1人分）

玉ねぎ	1/8個
卵	1個
A　焼き鳥缶（タレ味）	1缶（55g）
カレー粉	小さじ1/2
マヨネーズ	大さじ3
食パン（6枚切り）	2枚

下準備

玉ねぎはみじん切りにする。

作り方

1 卵をレンジ加熱する

耐熱ボウルに玉ねぎと卵を入れ、菜箸で卵の黄身をつぶして軽く溶き、ラップをふんわりとかけて電子レンジ（600W）で約1分30秒加熱する。

2 焼き鳥を加えて混ぜる

①にA（焼き鳥缶のタレごと）を加え、卵をほぐしながら混ぜる。

3 食パンに挟む

まな板にラップを敷いて食パンをのせ、②の汁気を少し切ってのせる。もう1枚の食パンを重ね、ラップできつく包んだら、ラップごと半分に切る。

▶▶ウマPoint

サンドイッチはラップできつめに包むと、具がはみ出さずきれいにカットできる。

ご飯

カレーチーズ飯

小腹がすいたとき即作れる！
卵黄とチーズで悪魔的なおいしさ

材料 （1人分）

A	豚こま切れ肉		
	（または牛こま切れ肉）…	60g	
	ご飯……………	大盛り1膳分	
	カレールウ…………	1かけ	
	にんにく（チューブ）………	3cm	
	ウスターソース……	大さじ1	
	水…………	150mℓ(3/4カップ)	

〈トッピング〉
スライスチーズ……………… 1枚
卵黄……………………… 1個分
ドライパセリ……… 好みで適量

▶▶ ウマPoint
豚こまをさらに細かく切ることで火が通りやすくなり、米とのなじみもよくなる。

下準備

Aの豚肉はさらに細かく切る。

作り方

① カレー飯の材料をレンジ加熱する ⟶

耐熱ボウルに**A**を入れて軽く混ぜ、ラップをふんわりとかけて電子レンジ（600W）で約4分加熱する。

▶▶ ウマPoint
ご飯は食べたい量によって、大盛り1膳～普通盛り2膳分(200～300g)までなら増減OK。

② 混ぜる

よく混ぜてルウを溶かしたら、器に盛り、熱いうちにスライスチーズと卵黄をのせる。好みでドライパセリをふる。

汁なし担々うどん

麺

包丁もまな板も使わずチンするだけ！
旨辛い肉みそをうどんにからめて至福の味

材料 （1人分）

A	合いびき肉	100g
	にんにく（チューブ）	3cm
	砂糖、しょうゆ、豆板醤 各小さじ1	
	酒、甜麺醤	各大さじ1
B	砂糖、鶏ガラスープの素、ごま油、ラー油 各小さじ1	
	ごまドレッシング	大さじ1
	しょうゆ	大さじ1/2

冷凍うどん 1袋

〈トッピング〉

卵黄 1個分

万能ねぎ（小口切り） 好みで適量

カシューナッツ（砕いたもの） 好みで4粒くらい

作り方

① 肉みそを作る

耐熱ボウルにAを入れてよく混ぜ、ラップをふんわりとかけて電子レンジ（600W）で約4分加熱し、さらに混ぜ合わせて肉みそを作る。

▶▶ ウマPoint
加熱前によく混ぜ合わせておくことで、ひき肉にしっかり味がしみ込む。

② ごまダレを作る

器にBを入れて混ぜ、ごまダレを作る。

③ うどんをレンジ加熱してタレと混ぜる

冷凍うどんは袋の表示通りに電子レンジで加熱し、❷に加えてよく混ぜる。肉みそと卵黄をのせ、好みで万能ねぎとナッツを散らす。

▶▶ ウマPoint
うどんの代わりに中華麺（ゆで麺または蒸し麺）を使ってもOK。中華麺をレンジ加熱する際は、酒大さじ2をからめると風味もよくふっくら仕上がる。

アレンジ1品

肉みそはレタスで包んで食べてもヘルシーで激ウマ！ 万能ねぎやナッツなど好みのものをトッピングすると楽しい。

麺

トマボナーラ

ほんのりトマトの酸味と
卵&チーズの濃厚な味わいが絶妙にマッチ

材料 （1人分）

スパゲッティ（好みの太さ）……… 100g

A
- カットトマト缶……… 1/2缶（200g）
- 玉ねぎ……… 1/4個
- ベーコン（薄切り）……… 2枚（40g）
- にんにく（チューブ）……… 3cm
- 砂糖、顆粒コンソメ……… 各小さじ1
- トマトケチャップ……… 大さじ1
- 水……… 150ml（3/4カップ）

卵……… 1個
粉チーズ……… 大さじ3
粗びき黒こしょう……… 適量

下準備

❶ Aの玉ねぎは薄切りにする。
❷ Aのベーコンは1cm幅の短冊切りにする。

作り方

1 スパゲッティの材料をレンジ加熱する

耐熱ボウルにスパゲッティを半分に折って入れ、Aを加えて軽く混ぜる。ラップをかけずに電子レンジ（600W）でスパゲッティのゆで時間＋3分加熱する。

▶▶ウマPoint
スパゲッティのゆで時間＋3分で、レンジ調理でもアルデンテにゆで上がる。

2 卵と粉チーズを加えて混ぜる

卵と粉チーズを加え、卵が固まらないうちによく混ぜる。器に盛り、黒こしょうをふる。

麺

さば缶ペペロンチーノ

ピリッと辛い定番パスタにさば缶で手軽に旨みをプラス

材料 （1人分）

スパゲッティ（好みの太さ）…… 100g

A
- さば缶（水煮）……… 1缶（180g）
- 長ねぎ………………… 1/2本
- 赤唐辛子………………… 1本
- にんにく（チューブ）……… 4cm
- 顆粒コンソメ…………… 小さじ1
- オリーブ油……………… 大さじ1
- 水 ……230ml（1カップと大さじ2）

〈トッピング〉
ドライパセリ …… 好みで適量

下準備

❶Aの長ねぎは斜め切りにする。

❷Aの赤唐辛子は種を取ってみじん切りにする。

▶▶ウマPoint
辛いのが苦手な場合は、赤唐辛子を入れなくてもおいしく作れる。

作り方

❶ スパゲッティの材料をレンジ加熱する

耐熱ボウルにスパゲッティを半分に折って入れ、A（さば缶の汁ごと）を加えてさばの身をほぐし、軽く混ぜる。ラップをかけずに電子レンジ（600W）でスパゲッティのゆで時間＋3分加熱する。

注意!!
さばは破裂しやすいので、加熱中に飛び散らないよう身を細かくほぐしておく。

❷ とろみがつくまで混ぜる

とろみがついてゆで汁がなくなるまで、全体を混ぜ合わせる。器に盛り、好みでドライパセリをふる。

▶▶ウマPoint
ゆで汁に溶け出した小麦粉の成分とオリーブ油が混ざり合うことで乳化作用が働き、とろみがついておいしいソースに。

麺

超悪魔のパスタ

あまりのウマさに虜になる！
コンビーフとマヨネーズで背徳の味

材料 （1人分）

スパゲッティ(好みの太さ)	100g
玉ねぎ	1/4個
水	250㎖ (1と1/4カップ)

A [
コンビーフ缶 …… 1缶(80g)
柚子こしょう(チューブ)
　　　　　　　　　　　　 3cm
マヨネーズ、
めんつゆ(3倍濃縮)
　　　　　　　　　　 各大さじ1
]

粗びき黒こしょう …… 適量

下準備

玉ねぎは薄切りにする。

作り方

1 スパゲッティと玉ねぎをレンジ加熱する

耐熱ボウルにスパゲッティを半分に折って入れ、玉ねぎと水を加えて軽く混ぜる。ラップをかけずに電子レンジ(600W)でスパゲッティのゆで時間＋3分加熱する。

▶▶ ウマPoint
スパゲッティと玉ねぎが水から出た状態で加熱しないよう、混ぜながらできるだけ水に浸して！

注意!!
早ゆでタイプのスパゲッティを使った場合は、加熱後に水分が残ることも。水気を切ってから作り方❷に進んで。

2 コンビーフを加えて混ぜる

Aを加え、コンビーフをほぐしながらよく混ぜる。器に盛り、黒こしょうをふる。

麺

濃厚和風明太
カルボナーラ

バターと卵のまろやかな味わいの中に
明太子の辛みとつぶつぶ食感がアクセント

材料 （1人分）

スパゲッティ（好みの太さ）…… 100g
オリーブ油…………………… 大さじ1
水…………… 250mℓ（1と1/4カップ）

A ⎰ 辛子明太子………………… 1本
  ｜ 卵……………………… 1個
  ｜ バター…………………… 10g
  ｜ 粉チーズ………………… 大さじ3
  ⎱ めんつゆ（3倍濃縮）… 大さじ1/2

〈トッピング〉
粗びき黒こしょう、刻みのり
　　　　　　好みで各適量

下準備

Aの明太子は皮を取り除く（P.11参照）。

作り方

1 スパゲッティをレンジ加熱する

耐熱ボウルにスパゲッティを半分
に折って入れ、オリーブ油と水を
加えて軽く混ぜる。ラップをかけ
ずに電子レンジ（600W）でスパゲッ
ティのゆで時間＋3分加熱する。

注意!!

早ゆでタイプのスパゲッティを使った
場合は、加熱後に水分が残ることも。
水気を切ってから作り方**2**に進んで。

2 明太子や卵を加えて混ぜる

Aを加えてよく混ぜる。器
に盛り、好みで黒こしょう
をふって刻みのりをのせる。

▶▶ ウマPoint

卵が固まってボソボソ
にならないよう、手早
く混ぜるのがなめらか
に仕上げるコツ。

麺

和風コンソメバターパスタ

きのことベーコンの旨みがしみ渡る
シンプルでやさしい味わい

材料 （1人分）

スパゲッティ（好みの太さ）…100g

A
- ベーコン（薄切り）
  ……………… 2枚（40g）
- 玉ねぎ …………………… 1/4個
- しめじ ……… 1/2パック（50g）
- 顆粒コンソメ、めんつゆ
  （3倍濃縮）……… 各小さじ1
- 水 ……… 250mℓ（1と1/4カップ）

バター ……………………… 5g
粗びき黒こしょう ….. 適量（多め）
万能ねぎ（小口切り）
　　　　　　　　…… 好みで適量

下準備

❶Aのベーコンは1cm幅の短冊切りにする。
❷Aの玉ねぎは薄切りにする。
❸Aのしめじは石づきを取ってほぐす。

作り方

1 スパゲッティの材料を → レンジ加熱する

耐熱ボウルにスパゲッティを半分に折って入れ、Aを加えて軽く混ぜる。ラップをかけずに電子レンジ（600W）でスパゲッティのゆで時間＋3分加熱する。

2 バターを加えて混ぜる

バターと黒こしょう、好みで万能ねぎを加えてよく混ぜる。

▶▶ **ウマPoint**

黒こしょうは多めがおいしいので、器に盛りつけたあとに追加でふりかけても！

麺

和風納豆きのこカルボナーラ

ネバネバとろとろの食感がクセになる！
納豆好きなら絶対にハマるおいしさ

材料 （1人分）

スパゲッティ（好みの太さ）…100g

A
- エリンギ ………………… 1本
- バター ………………… 10g
- 塩 ……………………… ひとつまみ
- 水 …… 250mℓ（1と1/4カップ）

B
- 納豆（タレ付き）……… 1パック
- 卵 ……………………… 1個
- 粉チーズ ……………… 大さじ3
- めんつゆ（3倍濃縮）
  …………………………… 大さじ1/2

粗びき黒こしょう …………… 適量

下準備

Aのエリンギは長さを半分に切ってから、縦に5mm幅に切る。

作り方

❶ スパゲッティの材料をレンジ加熱する

耐熱ボウルにスパゲッティを半分に折って入れ、Aを加えて軽く混ぜる。ラップをかけずに電子レンジ（600W）でスパゲッティのゆで時間＋3分加熱する。

❷ 卵や納豆を加えて混ぜる

B（納豆のタレごと）を加え、卵が固まらないうちによく混ぜる。器に盛り、黒こしょうをふる。

▶▶ **ウマPoint**
卵と納豆をよく混ぜると、ふわっと口当たりのいい食感になる。

スイーツ

バターチーズ餅

もちもち食感でほんのりやさしい甘さ。
バターとクリームチーズの風味たっぷり

材料 （9個分）

切り餅	4個（200g）	バター（食塩不使用）	15g
水	50㎖（1/4カップ）	片栗粉	適量

A
- 卵黄 …… 1個分
- クリームチーズ …… 20g
- 砂糖 …… 大さじ3
- 片栗粉 …… 大さじ1と1/2

作り方

① 餅をレンジ加熱する

耐熱ボウルに切り餅と水を入れ、ラップをふんわりとかけて電子レンジ（600W）で約4分加熱する。表面に残った白い水分をスプーンですくって取り除く。

注意!!

余分な水分をそのままにしておくと、生地がやわらかすぎて成形しにくく、固まらない場合も。

② 卵黄やチーズを加えて混ぜる

Aを加え、ゴムベラでよく混ぜる。なめらかになったら熱いうちにバターを加え、溶かしながら生地になじませ、ひとまとまりにする。

▶▶ ウマPoint
生地が熱くやわらかいうちに手早くゴムベラで混ぜることで、なめらかに仕上がる。

③ 成形する

まな板に片栗粉を多めにふる。②をのせて生地や手に片栗粉をなじませてから、9等分にしてそれぞれ四角く成形する（丸めてもOK）。

▶▶ ウマPoint
時間が経ってかたくなってしまったら、食べるときに10〜20秒レンジ加熱すればまたやわらかくなる。

ゆる糖質オフ
1人分 糖質 **4.2g**

つまみ

無限にんじん

にんじんが苦手な人に薦めたい！
風味も食感も別格で箸が止まらない

材料 （2〜3人分）

にんじん	1本
A 辛子明太子	1本
白だし、ごま油	各大さじ1/2

下準備

❶にんじんはよく洗い、皮つきのまません切りにする。

❷Aの明太子は皮を取り除く（P.11参照）。

作り方

1 にんじんをレンジ加熱する

耐熱ボウルににんじんを入れ、ラップをふんわりとかけて電子レンジ（600W）で約3分加熱する。

▶▶**ウマPoint**
にんじんは皮をむかずに調理OK。レンジ加熱するだけでおいしく食べられ、皮に含まれる栄養も丸ごと摂取できる。

2 明太子を加えて混ぜる

Aを加えてよく混ぜる。

Chapter 3

ずぼらでも味は絶品！

包丁を使わない
レシピ

包丁もまな板も使いたくないけど、おいしいものが食べたい！
そんなときにもってこいのずぼらレシピが勢揃い。
下準備はキッチンバサミで切る程度だから、後片づけもラクチン。
疲れた日の1品にお役立ちですよ。

とろける豚天

本当に豚こま!? 口当たりサックサク、
食べたら口の中でとろけるウマさ

材料 （2人分）

豚こま切れ肉		300g
A	しょうが（チューブ）	3cm
	砂糖、酒	各大さじ1
	しょうゆ	大さじ2
B	卵	1個
	薄力粉	大さじ4
	片栗粉	大さじ3
	冷水（あれば炭酸水）	80mℓ（2/5カップ）

サラダ油	適量
レモン汁、塩	好みで各適量

作り方

❶ 豚肉に下味をつける

ポリ袋に豚肉とAを入れ、調味料が全体に行き渡るようによくもみ込む。

アレンジ1品

めんつゆ（3倍濃縮）と湯を1:3で割った天つゆにつけて食べるのも、王道のおいしさ。ご飯にのせて天つゆをかければ豚天丼にも！

❷ 衣を作る

Bで天ぷら衣を作る。ボウルに卵を溶きほぐし、残りの材料を加えてダマが残る程度に軽く混ぜる。

▶▶ **ウマPoint**
冷水を使い、粉を入れたらなるべく混ぜないようにすることでグルテン（粘り）ができるのを抑え、衣がサクサクで軽い仕上がりに！

❸ 揚げる

天ぷら鍋（またはフライパン）に高さ2cmくらいまでサラダ油を入れて中火にかける。❶の豚肉をひと口大の大きさに丸めて❷の衣にくぐらせ、油が約170℃になったら少しずつ入れる。全体が薄く色づくまで揚げたら、キッチンペーパーの上で油を切る。器に盛り、好みでレモン汁をかけて塩をふる。

注意!!

豚肉は揚げる直前にひと口大にまとめて衣につけ、少しずつ油の中へ。一気に入れるとサクッと揚がらないので気をつけて。

ゆる糖質オフ

1人分 糖質 **12.5**g

肉料理

スンドゥブチゲ

辛みの中にもコクがあってまろやか。
熱々のやわらか豆腐で満腹＆満足！

材料 （3人分）

ごま油	大さじ2
にんにく（チューブ）	6cm
白菜キムチ	200g
豚こま切れ肉	150g

A
長ねぎ	1/2本
鶏ガラスープの素	大さじ1/2
コチュジャン	大さじ1と1/2
めんつゆ（3倍濃縮）	大さじ1
はちみつ（または砂糖）	小さじ1
豆板醤	好みで大さじ1/2
水	600ml（3カップ）

絹ごし豆腐	2/3丁（200g）

〈トッピング〉
万能ねぎ（小口切り）、七味唐辛子
　　　　　　　　　　　好みで各適量

下準備

Aの長ねぎはキッチンバサミで斜めに切る。

作り方

❶
キムチと豚肉を炒める

フライパンにごま油、にんにく、キムチ、豚肉を入れて中火にかけ、キムチの汁気が飛ぶまでよく炒める。

▶▶ウマPoint
しっかりと炒めることでにんにくの香りがごま油に移り、キムチの酸味も飛んで旨みを引き出すことができる。

❷
長ねぎを加えて煮る

Aを加えて混ぜ、長ねぎがやわらかくなるまで中火で煮る。

❸
豆腐を加えて煮立てる

豆腐をスプーンで食べやすい大きさにすくって加え、ふつふつ煮立ったら火を止める。器に盛り、好みで万能ねぎを散らして七味をふる。

アレンジ1品
さらにボリュームを出したい場合は、うどんを加えて煮込み、卵を落として鍋焼きうどん風にしても。

麻婆もやし

包丁もまな板もフライパンも不要！
チンするだけで絶品中華が完成

ゆる糖質オフ
1人分 糖質 10.0 g

材料 （2人分）

A
- 豚ひき肉 ……………… 200 g
- もやし ……………… 1 袋（200 g）
- しょうが、にんにく
  （ともにチューブ）…… 各 3 cm
- 砂糖、しょうゆ …… 各小さじ 1
- 鶏ガラスープの素、甜麺醤
  …………………… 各大さじ 1
- 豆板醤 …… 好みで小さじ1/2

- 片栗粉＋水 ……………… 各小さじ 1

〈トッピング〉
- 万能ねぎ(小口切り)、ラー油
  ………………… 好みで各適量

作り方

1 ────────▶

ひき肉やもやしを
レンジ加熱する

耐熱ボウルに**A**を入れて軽く混ぜ、ラップをふんわりとかけて電子レンジ（600W）で約5分加熱する。

2 ────────▶

混ぜて
さらに加熱する

軽く混ぜたら再びラップをふんわりとかけ、電子レンジ（600W）でさらに約1分30秒加熱する。

3

水溶き片栗粉を
加えて混ぜる

片栗粉を水で溶いて加え、全体にとろみがつくまでしっかり混ぜる。器に盛り、好みで万能ねぎを散らしてラー油を垂らす。

▶▶ウマPoint
水溶き片栗粉は熱いうちに加え、すぐに手早く混ぜることでダマにならずにとろみがつく。

アレンジ1品

麻婆もやしをインスタントラーメンにトッピングすれば、たちまち豪華に。ラーメンはみそ味がオススメ。

肉料理

やみつきチキン

調味料2つでこってり照り照り!
手羽元が無限に食べられる

材料 (2人分)

鶏手羽元	8本
片栗粉	大さじ2
サラダ油	大さじ1
焼き肉のタレ	大さじ3
トマトケチャップ	大さじ2
バター	5g

下準備

手羽元はキッチンバサミで骨に沿って2カ所に切り込みを入れて開く(P.10参照)。

▶▶ウマPoint
骨付き肉は火が通りにくいので、切り込みを入れて開いておくといい。

作り方

1 手羽元に粉をまぶす

ポリ袋に手羽元を入れて片栗粉を加え、袋ごと振って全体にまぶす。

2 焼く

フライパンにサラダ油を入れて中火にかけ、温まったら❶の手羽元を皮を下にして並べる。カリッと焼き色がつくまで約10分焼き、裏返して中まで火を通す。

3 焼き肉のタレとケチャップで味つけをする

弱火にして焼き肉のタレとケチャップを加え、全体を混ぜ合わせたら、バターを加えて溶かす。白炒りごま(分量外)をふっても。

ゆる糖質オフ
1人分 糖質 **8.9g**

肉料理

タンドリーポーク

手軽な豚こまをスパイシーなカレー風味で
食欲そそる味つけに

材料 （2〜3人分）

豚こま切れ肉	300g
にんにく（チューブ）	4cm
A カレー粉	小さじ2
プレーンヨーグルト	大さじ3
トマトケチャップ	大さじ2
はちみつ（または砂糖）、しょうゆ	各大さじ1/2
オリーブ油	大さじ1
粗びき黒こしょう	適量

作り方

1 豚肉にタレをもみ込む

ポリ袋にAを入れてよくもみ込み、10分以上おく。

2 炒める

フライパンにオリーブ油を入れて中火にかけ、温まったら❶の豚肉を入れ、肉を広げながら火が通るまで炒める。器に盛り、黒こしょうをふる。

▶▶ **ウマPoint**

通常は鶏肉で作るレシピを豚肉でアレンジ。豚こまなら切る手間もなく、短時間で火が通るのでラクチン！

ゆる糖質オフ
1人分 糖質 15.5 g

つまみ

エリンギの唐揚げ

鶏の唐揚げにも負けないおいしさで
きのことは思えないほどジューシー!

材料 （2人分）

エリンギ	2〜3本(100g)
A　にんにく(チューブ)	3 ㎝
A　砂糖	大さじ1/2
A　しょうゆ	大さじ 1
片栗粉	大さじ 3
サラダ油	適量
〈トッピング〉	
レモン	好みで1/8個

下準備

エリンギは食べやすい大きさに
手で裂く。

▶▶ ウマPoint
手で裂くことで、
味がしみ込みやす
くなる。

作り方

**1 エリンギに
下味をつける**

ポリ袋にエリンギとAを入れて
よくもみ込み、約5分おく。

2 粉をまぶす

❶の袋に片栗粉を加え、袋
ごと振って全体にまぶす。

3 揚げる

天ぷら鍋(またはフライパン)に高さ1.5〜2㎝
でサラダ油を入れて中火にかける。油が約
170℃になったら❷のエリンギを少しずつ入
れ、カリッと色づくまで揚げたら、キッチン
ペーパーの上で油を
切る。好みでレモン
を絞って食べる。

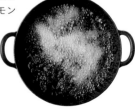

ゆる糖質オフ
1人分 糖質 21.8g

つまみ

無限ごぼう

香ばしい風味とサクサク食感が◎。
ポテチのように手が止まらない

材料 （2人分）

ごぼう …… 20cm×2本（計150g）
A｜ 白だし …………… 大さじ1
　｜ 粗びき黒こしょう … 8ふり
片栗粉 ………………… 大さじ4
サラダ油 ……………… 適量

下準備

ごぼうは皮の汚れをこ
そげ取り、ピーラーで
縦に薄く削る（P.11参照）。

作り方

1 ごぼうに
下味をつける

ポリ袋にごぼうとAを
入れ、軽くなじませる。

2 油を熱してから
粉をまぶす

天ぷら鍋（またはフライパン）に高さ1.5〜2
cmまでサラダ油を入れて中火にかける。
揚げる直前に**1**の
袋に片栗粉を加え、
袋ごと振って全体
にまぶす。

▶▶ ウマPoint
もみ込むとごぼうか
ら水分が出てしまう
ので、軽くなじませ
る程度に。

3 揚げる

油が約170℃になったら**2**のごぼうを少
しずつ入れ、カリッと色づくまで揚げた
ら、キッチンペーパーの上で油を切る。
マヨネーズと七味唐辛子（ともに分量外）に
つけて食べても。

▶▶ ウマPoint
ごぼうは水分が出や
すいので、揚げる直
前に片栗粉をまぶす
のがカリッと仕上げ
るポイント！

白菜と豚肉の中華丼

具材2つでも旨み抜群！
おかわり必至のとろ〜り
中華あんかけ

材料 （たっぷり1人分）

ごま油	大さじ 1 と1/2
白菜	小 1 枚（約70g）
豚こま切れ肉	70g
塩こしょう（ミックス）	4 ふり

A
- 砂糖、しょうゆ……各大さじ 1
- オイスターソース……大さじ 2
- 鶏ガラスープの素……小さじ 1
- 水……200㎖（1カップ）

酢	小さじ 1
片栗粉＋水	各大さじ 1 と1/2
温かいご飯	1 膳分

下準備

白菜は食べやすい大きさに手でちぎる。

▶▶ウマPoint
白菜に含まれるグルタミン酸と豚肉に含まれるイノシン酸は、どちらも旨み成分。組み合わせることで相乗効果を発揮し、それぞれ単独で使うよりおいしく仕上がる。

作り方

① 白菜と豚肉を炒める

フライパンにごま油を入れて中火にかけ、温まったら白菜と豚肉を入れて炒める。肉の色が変わったら、塩こしょうをふって混ぜる。

② 煮る

Aを加えてよく混ぜ、中火で約3分煮る。

③ 酢と水溶き片栗粉を回しかける

火を止めて酢を加え、片栗粉を水で溶いて回しかけ、よく混ぜる。再び中火にかけ、とろみがつくまで煮たら、ご飯を盛った器にかける。

アレンジ1品
フライパンに油を熱して中華麺（ゆで麺または蒸し麺）を香ばしく焼き、中華丼の具をかけて。カリッとした麺と、とろとろの具が絶妙なあんかけ焼きそばに。豆腐や厚揚げにかけても！

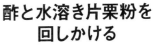
注意!!
水溶き片栗粉は必ず火を止めてから加え、よく混ぜてから再度火にかけること。こうすればダマにならず、なめらかでとろとろの仕上がりに。

▶▶ウマPoint
仕上げに酢を入れることで、味をギュッと引き締めることができる。

ご飯

宇宙一かんたんな親子丼

焼き鳥缶を使って爆速5分で完成！
親子丼の新定番になること間違いなし

材料 （1人分）

A
- 焼き鳥缶（タレ味）
  …………… 1缶（55g）
- 長ねぎ ………… 1/2本
- めんつゆ（3倍濃縮）
  ………… 大さじ1と1/2
- 水 ………… 大さじ4

卵 ………………… 1個
温かいご飯 ……… 1膳分
〈トッピング〉
　刻みのり ……… 好みで適量

下準備

Aの長ねぎはキッチンバサミ
で斜めに切る。

作り方

1 焼き鳥と長ねぎを煮る

フライパンにA（焼き鳥缶のタレご
と）を入れて軽く混ぜる。弱火に
かけ、長ねぎがやわらかくなる
まで煮る。

▶▶ ウマPoint

焼き鳥缶を使えば、すでに火
が通っているので煮込み時間
がカットできる。タレごと入
れれば味つけもめんつゆを加
えるだけでかんたん！

2 卵を加えて半熟まで火を通す

汁に少しとろみがついて
きたら、軽く溶いた卵を
加える。弱火で卵が半熟
になるまで煮たら、ご飯
を盛った器にのせる。好
みで刻みのりをのせる。
七味唐辛子（分量外）をふ
っても。

麺

たぬき油うどん

こってり濃厚、後味さっぱり。
材料費100円で激安！ 激ウマ！

材料 （1人前）

冷凍うどん		1袋
A	天かす	大さじ3
	鶏ガラスープの素	小さじ1/2
	酢	小さじ1
	焼き肉のタレ、ごま油	各大さじ1
	オイスターソース	大さじ1/2

〈トッピング〉

万能ねぎ		適量
卵黄		1個分
ラー油		好みで適量
レモン		好みで1/8個

下準備

万能ねぎはキッチンバサミで
小口切りにする。

作り方

❶ うどんをレンジ加熱する ⟶

冷凍うどんは袋の表示通りに電子
レンジで加熱して温める。

❷ タレと混ぜる

器にAを入れて混ぜ、タレを作る。
❶を加えて混ぜ、万能ねぎを散ら
して卵黄をのせる。好みでラー油
を垂らし、レモンを絞って食べる。

▶▶ ウマPoint

うどんが温かいうちにタレと
混ぜ合わせることで、うどん
に味がなじみやすくなる。

麺

無限うどん

卵黄がからんだコクまろ麺に
塩昆布の旨みと天かすの食感をプラス

材料 （1人分）

			〈トッピング〉	
冷凍うどん		1袋		
A	卵黄	1個	天かす	大さじ1
	オイスターソース	大さじ1/2	塩昆布	3g（ひとつまみ）
	ごま油	小さじ1	ラー油	好みで適量

作り方

1 うどんをレンジ加熱する

冷凍うどんは袋の表示
通りに電子レンジで加
熱して温める。

2 卵黄やソースと混ぜる

器に❶を入れ、Aを加えて
混ぜる。天かすを散らして
塩昆布をのせ、好みでラー
油を垂らす。白炒りごま（分
量外）をふっても。

▶▶ **ウマPoint**

トッピングした天かすや塩
昆布は、麺とよく混ぜ合わ
せてから食べるとおいしい。

麺

明太ミルクうどん

いつものうどんに飽きたらコレ！
クリーミーでコクのあるスープが絶品

材料 （1人分）

A ［
めんつゆ（3倍濃縮）
　　　　　大さじ1と1/2
ごま油 ………… 大さじ1/2
牛乳 ……150mℓ（3/4カップ）
］
冷凍うどん ………………… 1袋

バター ………………………… 10g
辛子明太子 …………………… 1本
〈トッピング〉
　刻みのり ……… 好みで適量

下準備

明太子は皮を取り除く
（P.11参照）。

作り方

1 スープとうどんをレンジ加熱する

耐熱ボウルに**A**を入れて軽く混ぜ、凍ったままの冷凍うどんとバターをのせる。ラップをふんわりとかけ、電子レンジ（600W）で約5分30秒加熱する。

▶▶ウマPoint
同時にレンジ加熱するだけで、スープも温まり、うどんも解凍されて熱々に。

2 明太子を加えて混ぜる

明太子を加えてよく混ぜる。器に盛り、好みで刻みのりをのせる。万能ねぎ（小口切り）や白炒りごま（ともに分量外）をふっても。

極上担々麺

濃厚スープと香ばしい肉みそがからみ合い
インスタント麺が本格ラーメンに激変！

材料 (1人分)

ごま油	大さじ1
豚ひき肉	100g
A	にんにく（チューブ） 3cm 甜麺醤、酒 各大さじ1 豆板醤 小さじ1
B	ごまドレッシング （または白練りごま） 大さじ2 めんつゆ（3倍濃縮） 大さじ1 水 200ml（1カップ）

インスタントラーメン （みそ味・粉末スープ付き）	1袋
豆乳（または牛乳）	300ml（1と1/2カップ）
〈トッピング〉	
ラー油、糸唐辛子、万能ねぎ（小口切り）	好みで各適量
カシューナッツ（砕いたもの）	好みで6粒くらい

作り方

① 肉みそを作る

肉みそを作る。フライパンにごま油を入れて中火にかけ、温まったらひき肉を入れて焼き色がつくまで炒め、Aを加えてよく混ぜる。

▶▶ウマPoint
ひき肉がカリカリになるまでよく炒めれば、旨みと香ばしさを引き出すことができ、極上の肉みそに。

② スープを加える

肉みそを取り出し、空いたフライパンにBとインスタントラーメンの粉末スープを入れて混ぜ、中火にかける。

▶▶ウマPoint
フライパンの汚れは拭き取らずにそのままスープを作ることで、肉みその風味を移すことができる。

③ ラーメンをゆでたら豆乳を加えて温める

煮立ったらインスタントラーメンを加えてゆでる。表示のゆで時間の1分前に豆乳を加えて弱火にし、再びスープを温める。器に麺とスープを盛り、肉みそをのせる。好みでラー油を垂らして糸唐辛子をのせ、万能ねぎとナッツを散らす。

注意!!
豆乳は沸騰させると分離してしまうので、最後に加えることと、豆乳を入れたら弱火にして煮立たせないことが大事。

アレンジ1品
ご飯に肉みそを混ぜ、にぎるだけでピリ辛そぼろおにぎりが完成！

麺

呑兵衛パスタ

塩辛の旨みと塩気を活かして
酒がますます進む
和風パスタに

材料 (1人分)

スパゲッティ(好みの太さ) …… 100g
水 …………… 250㎖(1と1/4カップ)
いかの塩辛 ………………… 大さじ2

めんつゆ(3倍濃縮) ……… 大さじ1/2
バター ……………………………… 10g

作り方

1 スパゲッティをレンジ加熱する ⟶

耐熱ボウルにスパゲッティを半分に折って入れ、水を加える。ラップをかけずに電子レンジ(600W)でスパゲッティのゆで時間＋3分加熱する。

注意!!
早ゆでタイプのスパゲッティを使った場合は、加熱後に水分が残ることも。水気を切ってから作り方❷に進んで。

2 いかの塩辛を加えて混ぜる

いかの塩辛、めんつゆ、バターを加え、バターを溶かしながらよく混ぜる。

▶▶ ウマPoint
いかの塩辛がアンチョビ代わりとなって、旨み抜群のスパゲッティに仕上がる。

Chapter 4

加熱不要で手間なし!

混ぜるだけ
レシピ

ボウルやポリ袋に入れて混ぜるだけ。
加熱しないでできるから、どれも1〜2ステップで完成します。
丼物からつまみ、スイーツまで、
超絶かんたんでおいしいものばかり。
何もしたくないときだって、これなら作れるはず!

ご飯

黄金の海鮮丼

焼き肉のタレと卵黄でこってり濃厚。
もう普通の海鮮丼では満足できない！

材料 （1人分）

A
- 卵黄 …………………… 1個分
- 焼き肉のタレ ………… 大さじ3
- ごま油 ………………… 大さじ1/2

好みの刺身 ………………………… 約150g
少し冷ましたご飯 …………… 1膳分

〈トッピング〉
- 卵黄 ………………… 好みで1個分
- 白炒りごま …………… 好みで適量

▶▶ ウマPoint
刺身は、たいやサーモン、ハマチ、
マグロなど好みのものでOK。

作り方

1 タレを混ぜて刺身を漬ける

ボウルにAを入れて混ぜ、
タレを作る。刺身を加えて
からませ、ラップをかけて
冷蔵庫に15分〜1時間おく。

2 ご飯にのせる

器にご飯を盛り、❶の刺身をのせて
残ったタレをかける。好みで卵黄を
のせて白ごまをふる。万能ねぎ（小口
切り・分量外）を散らしても。

▶▶ ウマPoint
ラップは刺身の表面にび
っちりかけて密着させる
と乾燥が防げ、味もしみ
込みやすくなる。

ご飯

生ニラ玉ご飯

ピリッと風味満点の万能ニラダレが
あれば、ご飯が何杯でもいける！

材料 （1人分）

A ┌ ニラ ……………………………… 1束
  │ めんつゆ（3倍濃縮）、
  │ 　オイスターソース
  │ ……………………… 各大さじ 1 と1/2
  │ ごま油 …………………… 大さじ1/2
  └ ラー油 …… 好みで 5 〜 6 滴

温かいご飯 ………………………… 1膳分
〈トッピング〉
　卵黄 ………………………………… 1個分

下準備

Aのニラは小口切りにする。

作り方

① 材料を混ぜてニラダレを作る ⟶

ボウルにAを入れてよく
混ぜ、ニラダレを作る。

② ご飯にかける

器にご飯を盛り、①を好み
の量かけ、卵黄をのせる。

アレンジ1品

残ったニラダレは、冷や奴にト
ッピングにしたり、焼いた（ま
たは蒸した）鶏肉や豚肉にのせ
るなどアレンジいろいろ！

ご飯

たぬき納豆
アボカドユッケ丼

納豆とアボカドのねっとり感が相性抜群！
天かすもサクサクおいしいアクセントに

材料 （1人分）

A	納豆（タレ付き）…… 1パック	
	アボカド…… 1/2個	
	天かす…… 大さじ2	
	めんつゆ（3倍濃縮）	
	…… 大さじ1/2	
	ごま油…… 小さじ1	

| 温かいご飯 …… 1膳分 |
| 卵黄 …… 1個分 |

下準備

Aのアボカドは種と皮を取り除き
（P.11参照）、1cm角に切る。

▶▶ **ウマPoint**
アボカドがかたい場合は、種と皮を取って1
個丸ごとラップで包み、電子レンジ（600W）
で約1分加熱すればやわらかくなる。

作り方

1 **納豆とアボカドを混ぜる**

ボウルにA（納豆のタレごと）
を入れてよく混ぜる。

2 **ご飯にのせる**

器にご飯を盛り、**1**をのせ、卵黄を
のせる。ラー油を垂らしたり、刻み
のり（ともに分量外）をのせても。

ご飯

マグロの
にんにくしょうゆ漬け丼

安い切り落としマグロが劇的にウマさ倍増！ 寿司屋の味に

材料 （2人分）

A ┌ にんにく …………… 1かけ
　└ しょうゆ、みりん
　　　　　　………… 各大さじ2
刺身用マグロ(切り落とし)… 200g
少し冷ましたご飯………… 2膳分

〈トッピング〉
刻みのり、わさび(チューブ)
　………… 好みで各適量

下準備

Aのにんにくは包丁の腹でつぶす
(P.11参照)。

作り方

1 タレを混ぜてマグロを漬ける

ポリ袋にAを入れて混ぜ、マグ
ロを加えて軽くもみ込む。空気
を抜いて密閉し、冷蔵庫に1時
間以上おく。

▶▶ウマPoint
形が不揃いな切り落としを使う
ことで、むしろ味がしみ込みや
すくおいしく仕上がる。マグロ
以外の切り落としでもOK！

2 ご飯にのせる

器にご飯を盛り、❶をのせる。
好みで刻みのりをのせてわさび
を添える。

アレンジ1品

この上からだし汁をかけて
お茶漬けにしても。だし汁
にわさびを溶かして食べる
のがオススメ。

ゆる糖質オフ
1人分 糖質 **9.5g**

つまみ

無限トマトマリネ

特製マリネ液がとにかくウマい!
トマトをキンキンに冷やして召し上がれ

アレンジ1品

トマトマリネは冷やしたそうめんやパスタ、うどんと和えても絶品!

材料 (2人分)

A	砂糖、レモン汁 ……… 各小さじ1	
	オリーブ油(あればエクストラバージン) ……… 大さじ3	
	白だし ……… 大さじ1	
	粗びき黒こしょう ……… 適量	
	ドライバジル ……… 好みで適量	

トマト ……… 2個
玉ねぎ ……… 1/4個

下準備

❶トマトはヘタを取り、小さめのひと口大に切る。
❷玉ねぎはみじん切りにする。

▶▶ ウマPoint
トマトは切る直前まで冷蔵庫でキンキンに冷やしておくと、おいしさアップ!

作り方

1 マリネ液を作る

ボウルにAを入れて混ぜ、マリネ液を作る。

▶▶ ウマPoint
マリネ液に白だしを入れることで、旨みが増して奥深い味に仕上げることができる。

2 トマトと玉ねぎを加えて混ぜる

トマトと玉ねぎを加え、トマトをつぶさないようにやさしく混ぜる。

ゆる糖質オフ
1人分 糖質 **3.2g**

つまみ

サーモンアボカドサラダ

鉄板コンビのサーモンとアボカドを
コクたっぷりの華やかサラダに

材料 （2人分）

A
アボカド	1個
刺身用サーモン	100g
にんにく（チューブ）	3cm
マヨネーズ	大さじ3
レモン汁	小さじ1
マスタード、しょうゆ	各小さじ1/2
粗びき黒こしょう	6ふり

| レタス | 1/4個（約100g） |

〈トッピング〉
| ミニトマト | 好みで適量 |

下準備

❶ Aのアボカドは種と皮を取り除き（P.11参照）、1cm角に切る。
❷ Aのサーモンは1cm角に切る。
❸ レタスは食べやすい大きさに手でちぎる。

作り方

❶ サーモンとアボカドを混ぜる

ボウルにAを入れてよく混ぜる。

❷ レタスにのせる

器にレタスを盛り、❶をのせ、好みで半分に切ったミニトマトを散らす。

▶▶ウマPoint
全体をよく混ぜ、サーモンやアボカドのソースとレタスをからめて食べると◎。

101

ゆる糖質オフ
1人分 糖質 **2.8g**

つまみ

きゅうりの一本漬け

家にいながら居酒屋気分。
冷やして豪快にかぶりついて！

材料 （3人分）

きゅうり	3本
A 赤唐辛子	1本
白だし	大さじ3
ポン酢しょうゆ	大さじ1/2

下準備

❶きゅうりはピーラーで縦に3
カ所ほど皮をむく（P.11参照）。
❷Aの赤唐辛子は種を取って
輪切りにする。

▶▶ウマPoint
辛いのが苦手な場合は、
赤唐辛子を入れなくて
もおいしく作れる。

作り方

1 タレを混ぜてきゅうりを漬ける

ポリ袋にAを入れて混ぜ、きゅうりを加えて
軽くもみ込む。空気を抜いて密閉し、冷蔵庫
に1日以上おく。竹串を刺して食べる。

▶▶ウマPoint
空気を抜いて密閉すること
で、少ない調味料でも全体
に行き渡る。

アレンジ1品

きゅうりを乱切りにしてゆで
だこのぶつ切りと和えれば、
より一層、酒が進むつまみに。

ゆる糖質オフ
1人分 糖質 4.2g

つまみ

白菜の即席漬け

昆布が香ってあっさりまろやか。
箸休めの1品にちょうどいい

材料 （2〜3人分）

白菜	1/5個（約300g）
塩	大さじ1/2
A 昆布	3〜5g（5×10cmくらい）
A 赤唐辛子	1本
A 砂糖、白だし	各大さじ1/2
A 柚子こしょう（チューブ）	好みで2cm

下準備

❶白菜は食べやすい大きさに手でちぎる。
❷Aの昆布はキッチンバサミで細切りにする。
❸Aの赤唐辛子は種を取って輪切りにする。

作り方

❶ 白菜に塩をもみ込む

ボウルに白菜と塩を入れてよくもみ込み、約10分おく。白菜をギュッと絞って水気を切る。

❷ 昆布や白だしを混ぜて白菜を漬ける

ポリ袋にAを入れて混ぜ、❶を加えてよくもみ込む。空気を抜いて密閉し、冷蔵庫に約1時間おく。

ゆる糖質オフ
1人分 糖質 **6.9**g

つまみ

無限白菜サラダ

生の白菜の甘み、さばの旨みが絶妙！
山盛りあってもペロリと完食

材料 （3人分）

A
┌ さば缶（水煮） …… 1缶（180g）
│ にんにく（チューブ） …… 4cm
│ 砂糖、顆粒和風だしの素
│ …………………… 各大さじ1
│ 白すりごま …… 大さじ1と1/2
│ マヨネーズ ………… 大さじ3
└ ごま油 …………… 大さじ1/2

白菜 ……………… 1/4個（約400g）
粗びき黒こしょう ……………… 適量
レモン汁 ……… 好みで小さじ1

下準備

白菜は1.5cm幅に切る。

作り方

1 さばとタレを混ぜる

大きめのボウルにA（さば
缶の汁ごと）を入れ、さば
の身をほぐしながらよく
混ぜる。

2 白菜を加えて混ぜる

食べる直前に白菜を加え、や
さしく混ぜる。器に盛り、黒
こしょうをふり、好みでレモ
ン汁をかける。

▶▶ ウマPoint

白菜は食べる直前に混ぜること。
混ぜる際はもみ込んだり押しつ
ぶしたりしないこと。これで白
菜から水分が出るのを防ぎ、シ
ャキシャキ食感が味わえる。

ゆる糖質オフ
1人分 糖質 **0.6g**

つまみ

サーモンとしらすのユッケ

白だしとごま油で味つけかんたん！
卵黄をからめてとろ〜りウマい

材料 （1人分）

A
刺身用サーモン…150g	
しらす……………大さじ2	
ごま油…………大さじ1/2	
白だし…………小さじ1	

〈トッピング〉
卵黄……………………1個分
白炒りごま、貝割れ菜
………………好みで各適量

下準備

Aのサーモンは小さめのひと口大に切る。

作り方

1 サーモンとしらすを混ぜる

ボウルにAを入れてよく混ぜる。

2 卵黄をのせる

器に❶を盛り、卵黄をのせる。好みで白ごまをふって貝割れ菜を添える。

アレンジ1品

サーモンとしらすのユッケを酢飯にのせれば、かんたん散らし寿司に。錦糸卵や刻みのりをかければさらに華やか。

つまみ

生ハムと
アボカドのカルパッチョ

爽やかなソースでいただく
ちょっとおしゃれなパーティーフード

ゆる糖質オフ
1人分 糖質 3.2g

材料 （2人分）

```
    ┌ オリーブ油 ················· 大さじ1
    │ レモン汁 ··················· 小さじ1
A   │ はちみつ、しょうゆ ····· 各小さじ1/2
    └ 粗びき黒こしょう ········· 4ふり
生ハム ·························· 8枚
アボカド ························ 1個
```

下準備

アボカドは種と皮を取り除き（P.11参照）、8等分のくし形に切る。

作り方

❶ 材料を混ぜて カルパッチョソースを 作る

ミニボウルにAを入れて混ぜ、カルパッチョソースを作る。

❷ 生ハムでアボカドを巻く

生ハムを広げ、手前にアボカドをのせて巻く。これを計8つ作る。器に盛り、❶をかける。

つまみ

クリームチーズと
コンビーフのディップ

ワインのお供にピッタリ！ パンやクラッカーにのせて食べたい

材料 （2人分）

A
- コンビーフ缶 ……………… 1缶（80g）
- クリームチーズ ……………… 80g
- マヨネーズ ……………… 大さじ1
- めんつゆ（3倍濃縮）、レモン汁 ……………… 各小さじ1
- 粗びき黒こしょう ……………… 適量

バゲット ……………… 適量

下準備

Aのクリームチーズは約
30分前に冷蔵庫から出し
て常温に戻す。

作り方

① 材料を混ぜてディップを作る

ボウルにAを入れてよく混ぜ、ディップを作る。器に盛り、焼いたバゲットにのせて食べる。

▶▶ **ウマPoint**
バゲットのほか、クラッカーやポテトチップスにのせて食べても！

アレンジ1品

ディップにかつお節とめんつゆを少し混ぜたら、おにぎりの具によく合う味に。ツナマヨ風に中に包んでにぎって。

スイーツ

濃厚ココア バナナアイス

甘いバナナとほろ苦ココアが混ざり合う！
袋ひとつでひんやりスイーツ

材料 （3人分）

A
- バナナ ………………… 2本
- クリームサンドココアクッキー
  …………… 6枚（約60g）
- 砂糖 ……………… 大さじ3
- 生クリーム …… 200mℓ（1カップ）

▶▶ ウマPoint
バナナはあれば熟したものを使うと、甘みと香りが強いのでオススメ。

〈トッピング〉
カシューナッツ（砕いたもの）
………………… 好みで適量

作り方

① バナナとビスケットを混ぜて冷凍する

ポリ袋にAを入れ、バナナとクッキーをつぶしながらよく混ぜる。空気を抜いて密閉し、冷凍する。

② 常温においてもみほぐす

常温に少しおいて軽くもみほぐし、やわらかくなったら器に盛る。好みでナッツを散らす。

▶▶ ウマPoint
バナナとクッキーは完全につぶさず、少し食感が残ったほうがおいしい！

Chapter 5

在庫で作れてこのウマさ!

材料3つの
レシピ

あともう1品ほしいときや、
ちょっと甘いものが食べたいとき、
家にあるものでパパッとできたらうれしいですよね。
そこで紹介するのが、主材料が3つ以内で作れるレシピ。
シンプルに、只々ウマい!を実感してください。

天使の
パウンドケーキ

香ばしいバター風味でしっとりふわふわ！
甘さ控えめでどこか懐かしい味わい

材料

（長さ18cmのパウンド型1台分）

バター（食塩不使用）········· 130g
卵 ······································ 2個
ホットケーキミックス
 ························· 150g（小1袋）
はちみつ ······· 好みで大さじ2

下準備

オーブンシートをパウンド型のサイズ
に切り、切り込みを入れて型に敷く。

作り方

❶　バターと卵を
混ぜる

耐熱ボウルにバターを入れ、ラップを
かけずに電子レンジ（600W）で約1分加
熱し、混ぜて溶かす（溶け残った場合は10
秒ずつ追加で加熱）。卵を加え、泡立て器
でよく混ぜる。

▶▶ウマPoint
卵がバターとなじんでやや白っぽ
くなるまで混ぜること。分離して
しまった場合は、湯を入れたボウ
ルに重ね、湯煎にかけて温めると
混ざりやすくなる。

❷　ホットケーキミックスを
加えて混ぜる

好みではちみつを加え、ホットケーキ
ミックスをふるって加え、ゴムベラで
さっくりと切るように混ぜる。

▶▶ウマPoint
ホットケーキミックスは目の細か
いザルなどでふるうこと、ゴムベ
ラで切るように混ぜることで、ふ
んわり仕上がる。また、はちみつ
を加えれば、よりしっとりとした
生地に。

❸　焼く

パウンド型に流し入れ、台に数回打ち
つけて空気を抜く。180℃に予熱した
オーブンで約30分焼き、粗熱を取る。

▶▶ウマPoint
粗熱が取れたら冷蔵庫に1日おくと、
バターがなじんでしっとり感が増す。
食べやすく切り、電子レンジ（600W）
で約20秒加熱するとふわふわに！

アレンジ1品

甘さ控えめのパウ
ンドケーキなので、
ホイップクリーム
やチョコソースを
トッピングすると
満足感がさらにア
ップ！

スイーツ

生チョコタルト

濃厚でコク深くなめらかな口溶け。
チョコレート好きにはたまらない味

材料

（約15cm角の保存容器1個分）

ビスケット ‥‥‥‥‥‥‥ 17枚（約100g）
生クリーム ‥‥‥ 40ml＋160ml（計1カップ）
板チョコレート（ミルク） ‥‥‥ 4枚（200g）
〈トッピング〉
　　ココアパウダー ‥‥‥‥ 好みで適量

下準備

ビスケットは厚手のポリ袋に入れ、麺棒などでたたいて粉々に砕く。

▶▶ウマPoint
ビスケットの粒が大きいとタルト生地が固まらないので、しっかり砕いて粉々にすること。

作り方

❶ タルト生地を作って
敷き詰める

ビスケットの入った袋に生クリーム40ml（1/5カップ）を加え、よくもみ込んでひとまとまりにする。保存容器にラップを敷いてビスケットを全体に広げ、スプーンの背で押さえつける。

▶▶ウマPoint
スプーンの背を使えば、容器の角までしっかり押さえつけることができる。

❷ チョコと生クリームを
混ぜて溶かす

耐熱ボウルにチョコを割り入れ、残りの生クリーム160ml（4/5カップ）を加える。熱湯を入れた別の耐熱ボウルに重ね、湯煎にかけながら混ぜて溶かす。

▶▶ウマPoint
チョコレートのかけらが残っているとなめらかに仕上がらないので、湯煎にかけて完全に溶けるまでよく混ぜるといい。

❸ 冷やし固める

❶に流し入れて表面を平らにし、台に数回打ちつけて空気を抜き、冷蔵庫で3時間以上冷やす。しっかり固まったらラップごと取り出し、好みでココアをふる。

▶▶ウマPoint
チョコタルトを切り分ける際は、包丁を湯につけて温めること。これだけで、形を崩すことなくきれいに切ることができる。

スイーツ

おいもの揚げドーナツ

豆腐入りでしっとりもちもち！
さつまいもの自然な甘さがうれしい

材料 （約12個分）

さつまいも …… 1本(約250g)	サラダ油 …………… 適量
絹ごし豆腐 …… 1/2丁(150g)	〈トッピング〉
ホットケーキミックス	グラニュー糖
…………… 150g (小1袋)	……… 好みで適量

下準備

さつまいもは皮をむいて1cm幅に切る。

作り方

❶ さつまいもをレンジ加熱して豆腐と混ぜる →

耐熱ボウルにさつまいもを入れ、水で濡らしたキッチンペーパーをのせる。ラップをふんわりとかけて電子レンジ(600W)で約6分加熱し、熱いうちに豆腐を加えてつぶしながら混ぜる。

▶▶ ウマPoint
水で濡らしたキッチンペーパーをかぶせてレンジ加熱することで、パサつかずしっとり蒸し上がる。豆腐は白い部分が見えなくなるまで、よくすりつぶして混ぜること。

❷ ホットケーキミックスを加えて成形する →

ホットケーキミックスを加えて混ぜ、粉っぽさがなくなったら手でこねてひとまとまりにする。ピンポン球くらいの大きさに丸める(約12等分)。

❸ 揚げる

天ぷら鍋(またはフライパン)に高さ1.5〜2cmまでサラダ油を入れて中火にかける。油が約170℃になったら❷を少しずつ入れ、カリッとキツネ色になるまで揚げたら、キッチンペーパーの上で油を切る。好みでグラニュー糖をまぶす。

▶▶ ウマPoint
グラニュー糖をまぶす場合は、ポリ袋にドーナツと一緒に入れ、袋ごと振ればOK。

スイーツ

半熟
ホワイトテリーヌ

甘くてクリーミーでとろっとろ！
ほっぺたが落ちちゃうウマさ

材料 （長さ18cmのパウンド型1台分）

板チョコレート（ホワイト）
………… 4枚（200g）
生クリーム…200ml（1カップ）
卵………………………… 2個

〈トッピング〉
粉糖………… 好みで適量

下準備

オーブンシートをパウンド型のサイズに切り、切り込みを入れて型に敷く。

作り方

❶ チョコと生クリームを
混ぜて溶かす

耐熱ボウルにチョコを割り入れ、生クリームを加える。熱湯を入れた別の耐熱ボウルに重ね、湯煎にかけながら混ぜて溶かす。

❷ 卵を泡立てて混ぜる

別のボウルに卵を入れて白っぽくなるまで泡立てたら、❶に加え、卵の気泡をつぶさないようにやさしく混ぜる。

▶▶ ウマPoint
卵が白っぽくなるまで泡立てることで空気をたくさん含んだ泡ができ、しっとり＆ふわっとした食感に仕上がる。

❸ 焼く

パウンド型に流し入れ、台に数回打ちつけて空気を抜く。180℃に予熱したオーブンで約20分焼き、粗熱を取る。冷蔵庫で半日冷やしたら取り出し、好みで粉糖をふる。

▶▶ ウマPoint
焼き上がりがプルプルしていても、生焼けの心配はなし。粗熱が取れて冷蔵庫で冷やしたら生地も落ち着き、包丁で切れる状態に。

チョコクッキー

チョコ濃いめで甘さ控えめ。
サクサクほろほろの食感が新鮮！

材料 （約12枚分）

板チョコレート（ミルク）……… **2枚**（100g）
バター（食塩不使用）………………… **20g**
薄力粉 ……………… **60g**（3/5カップくらい）

作り方

① チョコと バターを溶かす

耐熱ボウルにチョコを割り入れ、バターを加え、ラップをかけずに電子レンジ（600W）で約1分加熱し、混ぜて溶かす（溶け残った場合は20秒ずつ追加で加熱）。

② 粉を加えて 成形する

薄力粉をふるって加え、ゴムベラで粉っぽさがなくなるまでさっくりと混ぜる。ラップに生地をのせて包み、棒状に形を整えたら、冷蔵庫に20分以上おく。

▶▶ウマPoint
ラップを使って成形すればラク。形は四角い棒状でも丸い棒状でもお好みで。

③ 焼く

5〜7mm幅に切り、オーブンシートを敷いた天板に並べる。160℃に予熱したオーブンで約10分焼き、粗熱を取る。

注意!!
焼いた直後はクッキーがやわらかく崩れやすいので、冷めて固まるまでは天板にのせたまま触らないように！

スイーツ

天使の口溶け！
生キャラメル

牛乳で手軽に作れる！
とろける口溶けと濃厚な甘さを味わって

材料 （約15cm角の耐熱容器1個分）

牛乳 ………………………… 200mℓ（1カップ）
砂糖 ………………………… 100g（4/5カップくらい）
バター（あれば食塩不使用）………… 40g

下準備

オーブンシートを耐熱容器のサイズに切り、切り込みを入れて容器に敷く。

作り方

① キャラメルの材料を煮詰める

フライパンにすべての材料を入れて中火にかける。牛乳が煮立ってふつふつしてきたら弱火にし、ゴムベラで混ぜながらじっくり煮詰める。

▶▶ウマPoint
ゴムベラで底をなぞり、線が描けるくらい煮詰まったらOK！

注意!!
焦げやすいので、絶えず混ぜ続けること。火にかけすぎると仕上がりがカチカチにかたくなってしまうので注意！

② 冷やし固める

耐熱容器に流し入れ、冷蔵庫で2時間以上冷やす。しっかり固まったら取り出し、湯につけて温めた包丁で食べやすい大きさに切り分ける。

▶▶ウマPoint
しっかり冷やし固めてから切ること。食べるときは少し常温においたほうがとろけるのでおいしい！

キャラメル焼きりんご

甘みが増して香ばしくジューシー！
焼くだけで極上スイーツに早変わり

材料 （2人分）

バター		20g
りんご		1個
砂糖		大さじ2

〈つけ合わせ〉
アイスクリーム、シナモンパウダー
………………… 好みで各適量

下準備

りんごはよく洗い、
皮つきのまま4～5
等分の輪切りにする。

作り方

① りんごを焼く

フライパンにバターを
入れて弱火にかける。
バターが溶けたらりん
ごを並べ、両面に焼き
色がつくまでじっくり
と焼く。

② 砂糖を溶かしてからめる

りんごを端に寄せ、空いた
スペースに砂糖を加える。
砂糖が薄く色づくまで弱火
で煮溶かし、りんごの両面
にからませる。器に盛り、
好みでアイスクリームを添
えてシナモンをふる。

▶▶ ウマPoint
砂糖は焦がさないように注意し
ながら、薄いあめ色になったら
りんごにからませる。食べると
きは種の部分を残すようにして。

つまみ

じゃがチー
ガレット

細切りのじゃがいもがホクホク、
チーズが超カリッカリで食感の妙！

材料 （2人分）

A ┌ じゃがいも ……………… 3個
　├ ピザ用チーズ … 70g（4〜5つかみ）
　└ 粗びき黒こしょう …… 適量（多め）
オリーブ油 …………… 大さじ2

下準備

Aのじゃがいもはよく洗い、
皮つきのまま細切りにする。

作り方

❶ じゃがいもとチーズを
混ぜる

ボウルにAを入れてよ
く混ぜる。

注意!!
じゃがいものでんぷん質を
つなぎに利用するため、水
にさらすと生地が固まりに
くくなるので気をつけて！

❷ 焼く

フライパン（直径約22cm）
にオリーブ油を入れて弱
火にかけ、温まったら❶
を入れて平らに押さえつ
ける。フタをして5〜7
分、じっくりと蒸し焼き
にして生地が固まったら、
裏返してじゃがいもに火
が通るまで焼く。

つまみ

極悪ポテサラ

食べすぎ注意！ いかの塩辛で
いつものポテサラが最上級のウマさに

材料 （2人分）

じゃがいも ……………… 3個
マヨネーズ ………… 大さじ3
いかの塩辛 ………… 大さじ2

粗びき黒こしょう
……………… 好みで適量

下準備

じゃがいもは皮をむいて
ひと口大に切る。

作り方

① **じゃがいもをレンジ加熱する** ⟶

耐熱ボウルにじゃがいもを入れ、水で濡
らしたキッチンペーパーをのせる。ラッ
プをふんわりとかけて電子レンジ（600W）
で約5分加熱し、熱いうちに軽くつぶす。

▶▶ウマPoint
水で濡らしたキッチン
ペーパーをかぶせれば、
じゃがいもがほっくり
蒸し上がる。楊枝で刺
してみて、かたい場合
は1分追加で加熱を。

② **塩辛を加えて
混ぜる**

マヨネーズと塩辛を加えて
やさしく混ぜる。器に盛り、
好みで黒こしょうをふる。

アレンジ1品

トーストしたバゲットにの
せれば、おしゃれなフィン
ガーフードに！

ご飯

宇宙一かんたんカレー

ぶっちぎりの手軽さ！
トマト風味の濃厚カレーが即完成

材料 （2人分）

A ┌ ミートソース缶 …… 1缶（290g）
　├ カレールウ …………… 1かけ
　└ 水 …………………… 大さじ2
　温かいご飯 ……………… 2膳分

〈トッピング〉
　ドライパセリ ……… 好みで適量

作り方

❶ ミートソースとカレールウを レンジ加熱する

耐熱ボウルにAを入れ、ラップをふんわりとかけて電子レンジ（600W）で約3分加熱する。

❷ 混ぜてご飯にかける

よく混ぜてカレールウを溶かしたら、ご飯を盛った器にかける。好みでドライパセリをふる。卵黄（分量外）をのせても。

▶▶ ウマPoint
ご飯の代わりにゆでたスパゲッティでもOK！

つまみ

半熟卵のマヨナムル

鉄板コンビの卵×マヨに塩昆布をプラス。
晩酌のお供にぴったりハマる1品に

アレンジ1品

食パンに挟めば卵サンドに。
そのまま食べても、焼いて
ホットサンドにしても!

材料 （2人分）

卵	4個
マヨネーズ	大さじ3
塩昆布	ふたつまみ
ごま油	好みで大さじ1/2
ラー油	好みで適量

作り方

1 卵をゆでる

鍋に湯を沸かし、冷蔵庫から出して
すぐの冷たい卵を入れる。約8分30
秒ゆでたら水にさらし、殻をむく。

▶▶ **ウマPoint**
卵のおしり（尖っていない
ほう）に押しピンなどで穴
を開けてからゆでれば、卵
の殻がむきやすくなる。

2 塩昆布を加えて混ぜる

ゆで卵を縦4等分のくし形に切ってボウルに
入れ、マヨネーズと塩昆布を加えて混ぜる。
好みでごま油とラー油を回しかける。

▶▶ **ウマPoint**
ごま油やラー油を加
えると、風味や辛み
がプラスされ、格段
においしく仕上が
る。

Chapter 6

忙しいときの時短調理に！

トースター
レシピ

高温＆短時間でカリッと焼き上げるオーブントースターは、
もっと活用しないと損！ レンジ同様、火を使わずに作れ、
なおかつ香ばしい焼き色がつくのが魅力です。
忙しいときにうれしい、熱々の絶品レシピを集めました。

※オーブントースターは1000W
を基準にしています。メーカ
ーや機種によって焼き加減が
異なるため、様子を見ながら
焼き時間を調整してください。

手ごねピザ

発酵不要！ 袋の中でこねるだけ！
手軽に作れて焼きたては格別

材料 （直径約20cm1枚分）

A
- 薄力粉 ……… 150g
  （1と1/2カップくらい）
- 塩 ……… 小さじ1/2
- オリーブ油 ……… 大さじ1
- 水 ……… 50mℓ（1/4カップ）

- ピザソース（市販） ……… 適量
- 好みの具材（ウインナーソーセージ、玉ねぎ、ピーマン、ミニトマトなど） ……… 各適量
- ピザ用チーズ ……… 適量

下準備

好みの具材を切る（ウインナーは斜め切り、玉ねぎは薄切り、ピーマンは輪切り、ミニトマトは2等分）。

作り方

① 生地をこねる

ポリ袋にAを入れ、袋の上からよくもみ込むようにしてこねる。

▶▶ウマPoint
生地がかたくてこねにくい場合は、水を少しずつ（大さじ1くらいまで）足すこと。ひとまとまりになったら、生地作りは完了。

② 伸ばす

アルミホイルを広げて①をのせ、麺棒（または手）で直径約20cmの円形に伸ばす。

▶▶ウマPoint
オーブントースターの天板が長方形の場合は楕円形に伸ばす。ホイルはくっつかないタイプを使うか、オリーブ油をぬっておくと◎。

③ 具をのせて焼く

ピザソースをぬり、好みの具材をのせてピザ用チーズを散らす。マヨネーズ（分量外）を絞っても。天板にのせ、オーブントースター（1000W）で焼き色がついたらホイルをかぶせて15〜20分じっくり焼く。

注意!!
庫内の温度が上がって途中でスイッチが切れてしまった場合は、焼き加減を見て追加で加熱を！

肉料理

ささみの
和風ピザ風

焼けたみそやマヨ、チーズが香ばしく
ささみが食べごたえ満点おかずに

材料 （2人分）

A	にんにく（チューブ）	3cm
	砂糖、みそ、みりん	各大さじ1
	めんつゆ（3倍濃縮）	大さじ1/2
鶏ささみ		5本
ピザ用チーズ、マヨネーズ		各適量

下準備

ささみは筋を取り、
切り込みを入れて
開く（P.10参照）。

アレンジ1品

ささみの代わりに切り身
魚（鮭やたらなど）を使い、
みそダレをぬって焼く
のもオススメ。

作り方

① みそダレを作る

ミニボウルにAを入れて
混ぜ、みそダレを作る。

② ささみを薄く伸ばす

ささみは麺棒でたたいて薄く伸ばす。
天板にアルミホイルを敷き、周囲を
立てて箱のようにしたら、ささみを
端と端が重なるように並べる。

▶▶ ウマPoint
薄くしたささみをくっ
つけて並べ、ピザ生地
代わりに！

③ タレをかけて焼く

①をかけ、ピザ用チーズを散らして
マヨネーズを絞る。オーブントース
ター（1000W）でこんがりと焼き色が
つくまで約10分焼く。

125

肉料理

ジューシー 照り焼きチキン

こんがり焼き色はトースターならでは！
香ばしい甘めのタレでご飯が進む

材料 （1〜2人分）

鶏もも肉 ………………… 1枚

A
- しょうが（チューブ）…… 2cm
- 砂糖 ……………… 大さじ1
- しょうゆ、酒、みりん ……………… 各大さじ2

〈つけ合わせ〉
ベビーリーフ …… 好みで適量

下準備

鶏肉は両面にフォークを刺して穴を開ける。

▶▶ **ウマPoint**
鶏肉にフォークで穴を開けることで、味がしみ込みやすくなる。

作り方

① 鶏肉にタレをもみ込む

ポリ袋に鶏肉とAを入れてよくもみ込み、常温に約30分おく。

▶▶ **ウマPoint**
30分以上おく場合は冷蔵庫で保存すると安心。ただし、冷たいまま焼くと火通りが悪くなるので、冷蔵庫から出して常温に戻しておくこと。

② 焼く

天板にアルミホイルを敷き、周囲を立てて箱のようにしたら、①の鶏肉を皮を上にして入れ、残ったタレをかける。オーブントースター（1000W）でこんがりと焼き色がつくまで10〜15分焼く。器に盛り、好みでベビーリーフを添える。

▶▶ **ウマPoint**
皮を上にし、さらにタレをかけることで、こんがりときれいな焼き色がつく。

126

ゆる糖質オフ
1人分 糖質 8.0g

つまみ

焼き鳥缶de
チー玉タッカルビ

卵がとろ〜り！ コンビニで揃う食材で
手軽に韓国グルメを再現！

材料 （1人分）

A	焼き鳥缶(タレ味)	1缶(55g)	ピザ用チーズ ………… 適量
	白菜キムチ	100g	卵 ………… 1個
	ごま油	大さじ1	

作り方

1 焼き鳥とキムチを混ぜる

オーブン対応の耐熱皿にA（焼き鳥缶の
タレごと）を入れてよく混ぜる。

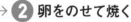

2 卵をのせて焼く

ピザ用チーズを散らし、卵を割り入れる。
オーブントースター（1000W）でこんがり
と焼き色がつくまで8〜10分焼く。

▶▶ウマPoint

焼き鳥缶をタレごと使
い、キムチと合わせれ
ば調味料は不要！ 絶
妙な甘辛い味つけに。

つまみ

明太豆腐グラタン

ふわとろ食感でクリーミーな味わい。
低糖質なのに食べごたえたっぷり！

材料 （2人分）

A	絹ごし豆腐	1丁（300g）
	辛子明太子	2本
	卵	1個
	マヨネーズ	大さじ2
	白だし	大さじ1/2
ピザ用チーズ		適量

下準備

Aの明太子は皮を取り
除く（P.11参照）。

作り方

① グラタンの材料を混ぜる

ボウルにAを入れ、泡立て器でなめらか
になるまでよく混ぜる。

▶▶ウマPoint
豆腐は水切りせず、すりつ
ぶすようにして混ぜること
でふんわりなめらかに。まっ
たり濃厚に仕上げたい場
合は、豆腐をキッチンペー
パーに包んで約1時間おい
てから使って。

② チーズをのせて焼く

オーブン対応の耐熱皿に①を入れ、ピザ用チーズを
散らす。オーブントースター（1000W）で焼き色がつ
いたらホイルをかぶせて10〜15分じっくり焼く。

▶▶ウマPoint
加熱すると豆腐から
水分が出るので、水
分を飛ばすためにも
最後までじっくり焼
くこと。

ゆる糖質オフ
1人分 糖質 6.7g

つまみ

よだれ厚揚げ

カリッと香ばしく焼いた厚揚げに
ねぎたっぷりの香味ダレがよく合う

材料 （2人分）

厚揚げ		2枚
A	長ねぎ	1/2本
	にんにく（チューブ）	3cm
	焼き肉のタレ	大さじ2
	オイスターソース	大さじ1/2
	白炒りごま	好みでひとつまみ
	ラー油	好みで6〜8滴

下準備

Aの長ねぎはみじん切りにする。

アレンジ1品

しゃぶしゃぶ用の豚肉をさっとゆで、葉物野菜にのせて香味ダレをかければ、ヘルシーな豚しゃぶサラダの完成！

作り方

1 厚揚げを焼く

厚揚げはアルミホイルを敷いた天板にのせ、オーブントースター（1000W）でカリッとするまで5〜10分焼く。

2 香味ダレを作る

ミニボウルにAを入れてよく混ぜ、香味ダレを作る。

3 厚揚げを切ってタレをかける

厚揚げを食べやすく5〜6等分に切って器に盛り、2をかける。万能ねぎ（小口切り）やカシューナッツ（砕いたもの・ともに分量外）を散らしても。

つまみ

コンソメバター ポテトフライ

粉と油をまぶして焼くだけ！
揚げない分、ヘルシーでホクホク

材料 （2人分）

じゃがいも ……………………… 3個
薄力粉、オリーブ油（またはサラダ油）
……………………… 各大さじ1と1/2
A ┌ バター ……………………… 5g
　│ 顆粒コンソメ ……………… 小さじ1
　└ 青のり（あれば） ………… ひとつまみ
粗びき黒こしょう………… 好みで適量

下準備

じゃがいもはよく洗い、
皮つきのまま8等分の
くし形に切る。

アレンジ1品

コンソメと青のりの代わ
りに、カレー粉と塩で味
つけしてもおいしい。

作り方

1 じゃがいもに 粉と油をまぶす

ポリ袋にじゃがいもを入れて
薄力粉を加え、袋ごと振って
まぶしたら、オリーブ油を加
えて全体になじませる。

2 焼く

アルミホイルを敷いた天板にぎっしり
並べ、オーブントースター（1000W）で
カリッとしてじゃがいもがやわらかく
なるまで約15分焼く。

注意!!

じゃがいもは重ねて
並べると火が通りに
くくなってしまうの
で、天板が小さい場
合は2回に分けて焼
くこと。

3 味つけする

ボウルにAを入れ、2が熱い
うちに加え、バターを溶かし
ながらよく混ぜる。器に盛り、
好みで黒こしょうをふる。

ゆる糖質オフ

1人分 糖質 9.1g

つまみ

焼きトマト カプレーゼ

トマトとチーズは相性抜群！ ジューシーな甘みと旨みを堪能

材料 （1人分）

A	オリーブ油 ……… 大さじ2	
	めんつゆ（3倍濃縮）……… 小さじ1	
	はちみつ ……… 小さじ1/2	
	粗びき黒こしょう ……… 適量	

トマト ……… 1個
ピザ用チーズ ……… 適量
〈トッピング〉
レモン汁 ……… 好みで小さじ1
ドライパセリ ……… 好みで適量

下準備

トマトはヘタを取り、4〜5等分の輪切りにする。

作り方

① カプレーゼソースを作る ⟶

Aを混ぜてカプレーゼソースを作る。

② トマトにソースをかけて焼く

オーブン対応の耐熱皿にトマトを並べて①をかけ、ピザ用チーズを散らす。オーブントースター（1000W）でこんがりと焼き色がつくまで約5分焼く。好みでレモン汁をかけてドライパセリをふる。

▶▶ ウマPoint

トマトは5等分にすると円形のスキレットにピッタリ。

ゆる糖質オフ

1人分 糖質5.3g

肉料理

砂肝のだしアヒージョ

コリコリの砂肝から旨みがジュワ～ッ！
その歯ごたえと香りに酔いしれる

材料 （1人分）

	砂肝	100g
	長ねぎ	1/2本
	にんにく	1かけ
A	ごま油	大さじ4
	白だし	大さじ1
	塩こしょう（ミックス）	4ふり

〈トッピング〉
粗びき黒こしょう
（または七味唐辛子）
‥‥‥‥‥ 好みで適量
レモン ‥‥‥‥ 好みで1/8個

下準備

❶ Aの砂肝は半分に切って切り込みを入れる
（P.10参照）。

❷ Aの長ねぎはみじん切りにする。

❸ Aのにんにくは包丁の腹でつぶしてから
（P.11参照）、粗みじん切りにする。

作り方

1 アヒージョの材料を混ぜる

オーブン対応の耐熱皿にAを入れてよく混ぜる。

2 焼く

オーブントースター（1000W）で約5分焼いたらアルミホイルをかぶせ、さらに約5分焼いて火を通す。好みで黒こしょうをふり、レモンを絞って食べる。

▶▶ウマPoint

砂肝がカリッと焼けた後にアルミホイルをかぶせれば、中まで火が通りやすく油ハネも防げる。

つまみ

ウインナーと
しめじのチーズアヒージョ

ハンパに余ったウインナーときのこが大変身！
チーズがとろけるおいしさ

ゆる糖質オフ

1人分 糖質4.1g

材料 （1人分）

A ┌ ウインナーソーセージ ……… 3本
　├ しめじ ……………… 1/2パック(50g)
　├ にんにく …………………… 1かけ
　├ オリーブ油 ………………… 大さじ3
　└ 塩 ………………………… ひとつまみ
ピザ用チーズ ……………………… 適量
〈トッピング〉
　ドライパセリ …………… 好みで適量

下準備

❶ Aのウインナーは斜め切りにする。
❷ Aのしめじは石づきを取ってほぐす。
❸ Aのにんにくは包丁の腹でつぶして
　から(P.11参照)、粗みじん切りにする。

アレンジ1品

ボリュームを増やしたい場
合は、ゆでたスパゲッティ
と和えれば具だくさんなペ
ペロンチーノに！

作り方

1 アヒージョの材料を混ぜる ⟶

オーブン対応の耐熱皿にAを入れてよく
混ぜ、ピザ用チーズを散らす。

2 焼く

オーブントースター(1000W)で約5分焼
いたらアルミホイルをかぶせ、さらに約
5分焼いて火を通す。好みで
ドライパセリをふる。粗びき
黒こしょうをふったり、
バゲット(ともに分量外)
にのせて食べても。

つまみ

さばの
レモン和ヒージョ

みそ×レモンがベストマッチ！
ご飯にもパンにも合う万能レシピ

材料 （2人分）

A
さば缶（みそ煮）	1缶（180g）
長ねぎ	1/2本
にんにく	1かけ
オリーブ油	大さじ2

〈トッピング〉

七味唐辛子	好みで適量
レモン	1/8個

下準備

❶Aの長ねぎは斜め切りにする。

❷Aのにんにくは包丁の腹でつぶしてから（P.11参照）、粗みじん切りにする。

作り方

❶ アヒージョの材料を混ぜる

オーブン対応の耐熱皿にA（さば缶の汁ごと）を入れて軽く混ぜ、好みでさばの身を食べやすい大きさにほぐす。

❷ 焼く

オーブントースター（1000W）で約5分焼いたらアルミホイルをかぶせ、さらに約5分焼いて火を通す。好みで七味をふり、レモンを絞って食べる。

▶▶ウマPoint
バゲットをオイルにつけて食べたり、ご飯のおかずとして食べたり、ビールやハイボールのお供にも！

Chapter 7

本格調理もほったらかしOK!

炊飯器
レシピ

材料を入れてスイッチを押すだけで完成してしまう、
優れもの調理家電の炊飯器。
炊き込みご飯はもちろん、カレーやポトフなども
長時間煮込んだような仕上がりに。
可能性無限大の炊飯器レシピをご紹介します。

※炊飯器は5.5合炊きを基準にしています。
これより小さい炊飯器の場合はふきこぼ
れる恐れがあるため、材料を減らすなど
調整してください。メーカーや機種によ
っては炊飯以外の調理に適さないものも
あるので、取扱説明書をご確認ください。

ご飯

カオマンガイ

米と一緒に炊く鶏肉が劇的なやわらかさ。
肉汁を吸ったご飯は旨みが大爆発！

材料 （2～3人分）

米 ……………………… 2合

A
- しょうが、にんにく（ともにチューブ）……各4cm
- 鶏ガラスープの素、ごま油 ………………… 各大さじ1

長ねぎの青い部分 ……… 1本分

鶏もも肉 ………………… 1枚

B
- 長ねぎ ………………… 1/2本
- 赤唐辛子 ……………… 1本
- にんにく（チューブ）…… 3cm
- 砂糖、オイスターソース ………… 各大さじ1/2
- しょうゆ、酢 …… 各大さじ1
- みそ、ごま油 …… 各小さじ1
- レモン汁（あれば）… 小さじ1

下準備

❶ Bの長ねぎはみじん切りにする。

❷ Bの赤唐辛子は種を取ってみじん切りにする。

❶ ❷

▶▶ ウマPoint
辛いのが苦手な場合は、赤唐辛子を入れなくてもOK。

作り方

❶ カオマンガイの材料を入れて炊く

米はといで炊飯器の内釜に入れ、Aを加えて水（分量外）を2合の目盛りまで注ぎ、軽く混ぜる。ねぎの青い部分と鶏肉を皮を上にしてのせ、炊飯スイッチを押す。

▶▶ ウマPoint
米と調味料を入れてから水を目盛りまで注ぐと、水加減もちょうどよく仕上がる。

❷ ねぎみそダレを作る

ミニボウルにBを入れて混ぜ、ねぎみそダレを作る。

アレンジ1品

ねぎみそダレは野菜とも相性抜群！野菜スティックのディップ代わりにしたり、蒸した根菜にかけても。

❸ 鶏肉を切ってご飯と盛りつける

炊き上がったら、鶏肉を取り出して食べやすい大きさに切る。ねぎの青い部分は取り除き、ご飯をしゃもじで切るようにして混ぜる。器にご飯と鶏肉を盛り、肉に❷をかける。

▶▶ ウマPoint
鶏肉は皮もプルプルしておいしいので、皮ごと切り分けて。

超悪魔肉飯

コンビーフの旨みと玉ねぎの甘み、
バターの香りが口いっぱいに広がる！

材料 （2〜3人分）

米	2合
A［ バター	15g
めんつゆ（3倍濃縮）	
	大さじ3
玉ねぎ	1個
コンビーフ缶	1缶（80g）
〈トッピング〉	
卵黄	2〜3個分
粗びき黒こしょう	
	適量（多め）

下準備

玉ねぎは上下を切り落とす。

▶▶ウマPoint
大きい玉ねぎの場合は、あらかじめ4〜6等分のくし形に切っておいて。

作り方

❶ 肉飯の材料を入れて炊く

米はといで炊飯器の内釜に入れ、Aを加え、玉ねぎとコンビーフをのせて水（分量外）を2合の目盛りまで注ぐ。炊飯スイッチを押す。

▶▶ウマPoint
このご飯は水分を少なめにしてかために炊いたほうが、パラッと仕上がってオススメ。ご飯がやわらかめのほうが好みの場合は、Aを加えてから2合の目盛りまで水を入れ、玉ねぎとコンビーフをのせて炊飯を。

❷ 玉ねぎをほぐしながら混ぜる

炊き上がったら、コンビーフと玉ねぎをほぐしながら全体をしゃもじで切るようにして混ぜる。器に盛り、卵黄をのせて黒こしょうをふる。

▶▶ウマPoint
玉ねぎは丸ごと加熱しても、しゃもじで混ぜるだけで簡単にほぐせるので手間なし！

ご飯

パラパラ炒飯風

豚バラのおいしい脂で米をコーティング。
炒めるよりかんたんで本格的な味

材料 （2〜3人分）

米	2合	

A
- 鶏ガラスープの素 …… 小さじ2
- 酒、ごま油 …… 各大さじ1
- オイスターソース …… 大さじ1/2
- 塩こしょう（ミックス）…… 5ふり

豚バラ薄切り肉 …… 70g

卵 …… 2個
長ねぎ …… 1/2本
〈トッピング〉
万能ねぎ（小口切り）、紅しょうが
…… 好みで各適量

下準備

❶豚肉は1cm幅に切る。
❷長ねぎはみじん切りにする。

作り方

❶ 炒飯の材料を入れて炊く

米はといで炊飯器の内釜に入れ、Aと豚肉を加えて水（分量外）を2合の目盛りまで注ぎ、軽く混ぜる。炊飯スイッチを押す。

❷ 卵と長ねぎを加えて保温する

炊き上がったら溶き卵を回しかけ、長ねぎをのせる。フタをして保温スイッチを押し、約5分おく。

❸ 混ぜる

卵が固まったら、全体をしゃもじで切るようにして混ぜる。器に盛り、好みで万能ねぎをのせて紅しょうがを添える。

▶▶ウマPoint
このご飯は水分を少なめにしてかために炊いたほうが、パラッと仕上がってオススメ。ご飯がやわらかめのほうが好みの場合は、Aを加えてから2合の目盛りまで水を入れ、豚肉を混ぜて炊飯を。

ご飯

ビビンバ風炊き込みご飯

焼き肉のタレで味つけかんたん！お焦げがウマいピリ辛ボリュームご飯

アレンジ1品

焼きのり（または韓国のり）に炊き込みご飯を広げ、細く切った卵焼きをのせて巻けば、キンパ風のり巻きに。

材料 （3〜4人分）

米		3合
A	焼き肉のタレ	大さじ4
	コチュジャン	大さじ1と1/2
	ごま油	大さじ1/2
B	牛こま切れ肉	200g
	白菜キムチ	100g
	にんじん	1/3本

〈トッピング〉
温泉卵（P.9参照）　　　　3〜4個
白炒りごま、万能ねぎ（小口切り）、
糸唐辛子　　　　　好みで各適量

下準備

Bのにんじんはせん切りにする。

作り方

❶ 炊き込みご飯の材料を入れて炊く

米はといで炊飯器の内釜に入れ、Aを加えて水（分量外）を3合の目盛りまで注ぎ、Bを加えて軽く混ぜる。炊飯スイッチを押す。

❷ 混ぜる

炊き上がったら、全体をしゃもじで切るようにして混ぜる。器に盛り、温泉卵をのせる。好みで白ごまをふり、万能ねぎを散らして糸唐辛子をのせる。

ご飯

鮭明太マヨピラフ

海の幸のおいしい共演！
バターとマヨがコクと風味をプラス

材料 （2〜3人分）

米	2合
A バター	15g
顆粒コンソメ	小さじ2
白ワイン（または酒）、マヨネーズ	各大さじ2

B 玉ねぎ	1/4個
塩鮭	2切れ
辛子明太子	1本
〈トッピング〉	
粗びき黒こしょう	適量
ドライバジル	好みで適量

下準備

❶ Bの玉ねぎはみじん切りにする。
❷ 明太子は皮を取り除く（P.11参照）。

❶ ❷

作り方

❶ ピラフの材料を入れて炊く ⟶

米はといで炊飯器の内釜に入れ、Aを加えて水（分量外）を2合の目盛りまで注ぎ、Bを加えて軽く混ぜる。炊飯スイッチを押す。

❷ 明太子を加えて混ぜる

炊き上がったら、鮭の皮と骨を取り除き、明太子を加えて全体をしゃもじで切るようにして混ぜる。器に盛り、黒こしょうと好みでドライバジルをふる。

ご飯

濃厚
バターチキンカレー

市販のルウで作ればスパイス不要！
濃厚＆クリーミーで本格的な味わい

アレンジ1品

残ったカレーを冷蔵庫で冷やし、食パンにのせてスライスチーズを重ね、トースターでチン。最高にウマいカレートーストができる。

材料 （2〜3人分）

A	鶏手羽元	7本
	カットトマト缶	1缶(400g)
	玉ねぎ	1個
	プレーンヨーグルト	180g (9/10カップくらい)
	にんにく（チューブ）	4cm
	トマトケチャップ	大さじ2
	はちみつ（または砂糖）、ウスターソース	各大さじ1

B	カレールウ	4かけ
	バター	30g
	生クリーム（または牛乳）	50mℓ(1/4カップ)
塩		ふたつまみくらい
温かいご飯		2〜3膳分
〈トッピング〉		
生クリーム、ドライパセリ		好みで各適量

下準備

❶Aの手羽元は全体にフォークを刺して穴を開ける。

❷Aの玉ねぎはすりおろす（またはみじん切りにする）。

作り方

❶ カレーの材料を入れて炊く

炊飯器の内釜にAを入れてよく混ぜ、炊飯スイッチを押す。

注意!!

調理する際はふきこぼれや焦げつきに注意し、材料は容量の1/2以下を目安に入れること。炊飯器によっては調理用のスイッチもあるので、取扱説明書をよく確認して。また、1時間以上経ってもスイッチが切れない場合は、放置せずにフタを開けて確認を！

❷ カレールウやバターを入れて混ぜる

炊き上がったら、Bを加えてよく混ぜ、カレールウとバターを溶かして塩で味を調える。器にご飯を盛り、カレーをかけ、好みで生クリームをかけてドライパセリをふる。

▶▶ **ウマPoint**
塩は一度にふたつまみを加えず、味見をしながら調整して。

肉料理

やばいポトフ

手羽がホロホロ、野菜はホクホク！
すべての旨みが詰まったスープも最高

材料 （2〜3人分）

A	鶏手羽元	4本
	じゃがいも	2個
	にんじん	1本
	玉ねぎ	1個
	ウインナーソーセージ	4本
	にんにく	1かけ
	バター	10g
	顆粒コンソメ	大さじ1
	めんつゆ（3倍濃縮）	大さじ1/2
	水	600mℓ（3カップ）

〈トッピング〉
粗びき黒こしょう ……………… 適量
ドライパセリ ……… 好みで適量

下準備

❶Aの手羽元は全体にフォークを刺して穴を開ける。
❷Aのじゃがいもは皮をむいて半分に切る。
❸Aのにんじんは縦半分に切り、さらに横半分に切る。
❹Aの玉ねぎは縦4等分に切る。
❺Aのウインナーは斜めに4〜5本切り込みを入れる。
❻Aのにんにくは包丁の腹でつぶす（P.11参照）。

作り方

**❶ ポトフの材料を
入れて炊く**

炊飯器の内釜にAを入れて
よく混ぜ、炊飯スイッチを
押す。

❷ 混ぜる

炊き上がったら、野菜を崩さな
いように軽く混ぜる。器に盛り、
黒こしょうと好みでドライパセ
リをふる。

注意!!
調理する際はふきこぼれや焦げつきに
注意し、材料は容量の1/2以下を目安
に入れること。炊飯器によっては調理
用のスイッチもあるので、取扱説明書
をよく確認して。また、1時間以上経
ってもスイッチが切れない場合は、放
置せずにフタを開けて確認を！

肉料理

サムゲタン風スープ

骨付き肉で旨みたっぷり！
溶けた餅がとろとろで心も体も温まる

材料 （3人分）

鶏もも骨付き肉（ぶつ切り）	350g
塩	小さじ1/2

A
切り餅	2個（100g）
長ねぎの青い部分	1本分
にんにく	2かけ
しょうが	1かけ
赤唐辛子	1本
鶏ガラスープの素、ごま油	各大さじ1/2
塩こしょう（ミックス）	4ふり
酒	200mℓ（1カップ）
水	500mℓ（2と1/2カップ）

〈トッピング〉
白髪ねぎ（長ねぎの白い部分のせん切り）
……好みで適量

▶▶ウマPoint
鶏もも骨付き肉が手に入らない場合は、手羽先や手羽元でも。

下準備

❶ Aの餅は十字に4等分に切る。
❷ Aのにんにくは包丁の腹でつぶす（P.11参照）。
❸ Aのしょうがは薄切りにする。
❹ Aの赤唐辛子は半分に折って種を取る。

作り方

❶ スープの材料を入れて炊く

炊飯器の内釜に鶏肉を入れて塩をまぶす。Aを加えてよく混ぜ、炊飯スイッチを押す。

注意!!
調理する際はふきこぼれや焦げつきに注意し、材料は容量の1/2以下を目安に入れること。炊飯器によっては調理用のスイッチもあるので、取扱説明書をよく確認して。また、1時間以上経ってもスイッチが切れない場合は、放置せずにフタを開けて確認を！

❷ 混ぜる

炊き上がったら、長ねぎの青い部分を取り除いて軽く混ぜる。器に盛り、好みで白髪ねぎをのせる。

▶▶ウマPoint
辛いのが苦手な場合は、赤唐辛子を入れずに加熱し、炊いた後に加えて混ぜ合わせる程度でもOK。

肉料理

濃厚ビーフシチュー

牛肉も野菜もとろけるおいしさ。
コクウマ勝負めしが手軽に完成！

材料 （3人分）

牛ももかたまり肉 ……… 350〜400g
塩こしょう（ミックス）………… 5ふり

A
- デミグラス缶 ……… 1缶（290g）
- じゃがいも ……………… 2個
- にんじん ……………… 1本
- 玉ねぎ ………………… 1個
- にんにく（チューブ）…… 4cm
- バター ………………… 20g
- はちみつ、ウスターソース
  ………………………… 各大さじ1
- インスタントコーヒー（あれば）
  ………………………… 小さじ1
- 赤ワイン ……… 200㎖（1カップ）

〈トッピング・つけ合わせ〉
ドライパセリ、バゲット
………………… 好みで各適量

注意!!
調理する際はふきこぼれや焦げつきに注意し、材料は容量の1/2以下を目安に入れること。炊飯器によっては調理用のスイッチもあるので、取扱説明書をよく確認して。また、1時間以上経ってもスイッチが切れない場合は、放置せずにフタを開けて確認を！

下準備

❶ 牛肉は食べやすい大きさに切る。
❷ Aのじゃがいもは皮をむいてひと口大に切る。
❸ Aのにんじんは乱切りにする。
❹ Aの玉ねぎはくし形に切る。

作り方

❶ シチューの材料を入れて炊く

炊飯器の内釜に牛肉を入れて塩こしょうをまぶす。Aを加えてよく混ぜ、炊飯スイッチを押す。

❷ 混ぜる

炊き上がったら、よく混ぜる。器に盛り、好みでドライパセリをふり、バゲットを添える。生クリーム（分量外）をかけても。

\ 卵黄ばかり使っちゃった！を解決 /

卵白消費レシピ

この本には卵黄をトッピングするレシピがいろいろ登場しましたが、
余った卵白だって無駄にはしません！
最後にとっておきの使い切りレシピを2つご紹介しましょう。

サク
サク

ふわ
ふわ

卵白 1個分 で

口溶けのいい薄形クッキー

ラングドシャ

卵白 2個分 で

白いかき玉が美しい

中華スープ

材料（30〜35枚分）

バター（食塩不使用）、グラニュー糖、薄力粉各30〜40g（卵白と同量）　卵白1個分（30〜40g）

作り方

❶ バターは常温に戻してボウルに入れ、ゴムベラで練ってクリーム状にする。グラニュー糖を加え、生地が均一になるまですり混ぜる。

❷ 卵白を少しずつ加え、分離しないようにそのつど泡立て器でよく混ぜる。しっかり混ぜて生地にツヤが出たら、薄力粉をふるい入れてゴムベラで切るように混ぜる。

❸ 生地を絞り袋に入れ、オーブンシートを敷いた天板に直径2〜2.5cmずつ絞り出す（スプーンで生地をすくって円形に広げても）。180℃に予熱したオーブンで13〜15分焼き、取り出して冷ます。

材料（2人分）

長ねぎ1/2本　水400ml（2カップ）　A［鶏ガラスープの素、オイスターソース各大さじ1/2］片栗粉大さじ1＋水大さじ2　卵白2個分ごま油大さじ1/2　塩こしょう（ミックス）適量

作り方

❶ 長ねぎはみじん切りにして鍋に入れ、水を加えて中火にかける。沸騰したらAを加えて軽く混ぜる。

❷ 火を止め、片栗粉を水で溶いて加え、ダマにならないようにお玉でよく混ぜる。

❸ 再び中火にかけ、沸騰してきたら卵白を少しずつ回し入れながら、菜箸で全体をしっかり混ぜる。ごま油を回しかけ、塩こしょうをふる。

卵白は冷凍OK！　余った卵白は保存容器に入れて冷凍。自然解凍すればいつでもラングドシャや中華スープが作れる！

オンライン料理教室「だれウマ部」

〜おいしいをもっと身近に〜「だれウマ部」とは？

オンライン料理教室「だれウマ部」は「どの料理教室よりも安く！楽しく！学べる！」がコンセプト。料理の基礎知識から本格的な作り方まで、自分のペースで学ぶことができます。また、料理初心者の方でも確実に上達できるようなアットホームな雰囲気も魅力。僕自身、胸を張って本当にオススメできる料理教室なので、興味のある方はぜひチェックしてくださいね。

「だれウマ部」3つのメリット

1 丁寧に編集された動画をいつでもどこでも何回も！

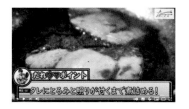

通常のオンライン料理教室とは違い、丁寧に、そしてとても詳しく編集された動画で料理を学ぶことができます。ライブ配信だと仕事などで参加できないこともありますが、「だれウマ部」は編集済みの動画を毎週更新。コンテンツ自体を残し、蓄積していくので、時間に縛られることなく「いつでも！どこでも！何回も！」動画を見て料理が学べます！

2 料理の基礎知識をイチからしっかりと学べる！

「料理をイチから学びたい！」と思っている初心者の方もいることでしょう。しかし実際は、基礎からじっくり学べる料理教室が少ないのが現状です。でもご安心ください。「だれウマ部」のモットーは「みんなの"学びたい"をすべて叶える」。料理のみならず、基礎知識（包丁の握り方、構え方、ご飯の炊き方、野菜の選び方や切り方、だしの取り方etc.）も動画とPDFにて丁寧に説明していきます！

3 自分だけの一生もののレシピ本を作成できる！

「ご入会いただいた皆様には、僕が持っている料理の知識や技術のすべてを自分のものにして欲しい！」というのが、僕を含めスタッフの願いです。そこで、「俺たちのレシピ本」をご用意。これは、「だれウマ部」で紹介した料理や基礎知識をPDFにまとめたもの。ご自身でダウンロードし、ファイリングしていただくと、一冊のレシピ本が作れるという仕組みです。PDFには動画の二次元コードを付けているので、動画もすぐに確認でき、一生役立つレシピ本となっております。僕と一緒に「自分だけの一生もののレシピ本」を作っていきましょう！

── 最後に…

「だれウマ部」は、「料理初心者の方でも確実に料理が上達できるようにするにはどうしたらいいか？」を半年以上、毎日考え続け、スタッフと何回も打ち合わせをして、やっと作り上げたオンライン料理教室です。大げさに聞こえるかもしれませんが、それでも**「料理が上手になりたい方は、絶対に入会したほうがいい！」**と言いたい。それだけ僕たちにはあなたの料理を上達させる自信があります。自分の料理で周りの人を笑顔にしたい方は、僕について来てください。あなたを必ず料理上手にすることをここにお約束します！

入会申し込みはこちらから！

材料別INDEX

本書で紹介しているレシピの主な材料を紹介しています。料理のカテゴリー「肉料理」「つまみ」「ご飯」「麺」「パン」「スイーツ」ごとに、材料の種類別、ページ順に並べています。今ある在庫の中から献立を考えるときに活用してください。

だれウマ

簡単料理研究家／ダイエット料理研究家

57万人以上のチャンネル登録者数を誇る料理系のYouTuberでもあり、"だれでもウマく"かんたんに作れる絶品レシピが話題。筋トレ好きで糖質オフダイエットに詳しく、「痩せウマ」チャンネルも開設。定期的に開催されるオンライン料理教室「だれウマ部」では、200人以上の生徒が参加。地元である関西のメディア出演も多く、若手料理研究家としてマルチに活躍している。

- YouTube
「だれウマ」　「痩せウマ」

- オンライン料理教室「だれウマ部」　https://lounge.dmm.com/detail/2399/
- レシピサイト・https://www.yassu-cooking.com
- Twitter　@muscle1046
- Instagram　@dareuma_recipe

宇宙一ずぼら絶品めし

2021年5月26日　初版発行
2021年9月5日　　4版発行

著　者　だれウマ
発行者　青柳昌行
発　行　株式会社KADOKAWA
　　　　〒102-8177　東京都千代田区富士見2-13-3
　　　　電話0570-002-301（ナビダイヤル）
印刷所　凸版印刷株式会社

●お問い合わせ
https://www.kadokawa.co.jp/（「お問い合わせ」へお進みください）
※内容によっては、お答えできない場合があります。
※サポートは日本国内のみとさせていただきます。
※Japanese text only

定価はカバーに表示してあります。